Graphologie

Dr. Wilhelm Busch

Die Handschrift
als Spiegel des Charakters
Graphologie

ISBN 3 8068 1025 7

© 1994 by Falken-Verlag GmbH, 65527 Niedernhausen/Ts.
Die Verwertung der Texte und Bilder, auch auszugsweise,
ist ohne Zustimmung des Verlags urheberrechtswidrig und
strafbar. Dies gilt auch für Vervielfältigungen, Übersetzungen,
Mikroverfilmung und für die Verarbeitung mit elektronischen
Systemen.
Titelbildgestaltung: Zembsch' Werkstatt, München
Zeichnungen: Ulrike Hoffmann, Bodenheim
Die Ratschläge in diesem Buch sind vom Autor und vom Verlag
sorgfältig erwogen und geprüft, dennoch kann eine Garantie
nicht übernommen werden. Eine Haftung des Autors bzw. des
Verlages und seiner Beauftragten für Personen-, Sach- und
Vermögensschäden ist ausgeschlossen.
Gesamtherstellung: Neuwieder Verlagsgesellschaft mbH, Neuwied

08102589X817 2635 4453

Inhalt

Einführung

Schon als Junge entdeckte ich mein Interesse für Handschriften und ihre besonderen Eigenarten. Ich begann, Schriftproben zu sammeln, und vergaß dabei nicht, mir die dazugehörigen und beglaubigten Lebensdaten zu notieren. Viele Persönlichkeiten, die ich kannte und schätzte, beeindruckten mich auch durch ihre unverwechselbaren Schriftzüge. Gefühlsmäßig war mir damals schon klar, daß zu bestimmten Persönlichkeitsbildern auch ganz bestimmte, einmalige Schriftbilder gehören. Durch dieses intensive Betrachten von Handschriften lernte ich im Laufe der Jahre, graphologisch zu sehen, das heißt, ich versuchte, Handschriften von Bekannten durch einen spontanen Vergleich von Schrift und Charakter zu erschließen. Dieses zunächst gefühlsbestimmte Verfahren verbesserte und verfeinerte ich dann später durch ein gründliches Studium der vielfältigen Fachliteratur.

Ganz wichtig waren dabei die Schriften des deutschen Philosophen und Ausdruckspsychologen *Ludwig Klages*. Sein Buch »Handschrift und Charakter« ist richtungsweisend geworden, weil er als erster die Graphologie als eine Seite der Wissenschaft vom Ausdruck definierte und damit entscheidend dazu beitrug, daß sich diese junge Wissenschaft auch an den Universitäten etablieren konnte.

Ende des 19. Jahrhunderts waren französische Theologen die ersten, die sich, angeregt durch *Goethes* »Physiologische Fragmente«, mit der Handschriftenkunde beschäftigten und dafür die Bezeichnung »Graphologie« verwandten. Aus ihrem Kreis stammt *Abbé Michon* (1806–1881), der in die Schriftdeutungskunst das sogenannte »signe fixe« einführte. Er verstand darunter feste Schriftzeichen, die ganz bestimmten Eigenschaften des Schreibers entsprechen. Zu diesem Ergebnis kam er, indem er die Schriften bekanntermaßen geiziger oder auch jähzorniger Leute auf Gemeinsamkeiten hin untersuchte.

Aber der Empiriker *Michon* bemerkte selbst bald, daß die Interpretation von Einzelmerkmalen wenig ergiebig ist und daß sein System von festen Zeichen nicht ausreichte, ein vollständiges Charakterbild zu gewinnen. Ihm wurde klar, daß man von den direkt erschließbaren Eigenschaften auf weitere, daraus abzuleitende Charaktermerkmale schließen muß, um ein differenziertes und vollständiges Bild des Schreibers zu erhalten. Sein Nachfolger *Crepieux-Jamin* griff diesen Gedanken auf und entwickelte ihn weiter. Er fand in der Harmonie der Schrift ein die Bedeutung der festen Zeichen modifizierendes, ganzheitliches Kriterium. Seitdem ist die ganzheitliche Betrachtungsweise aus der Graphologie nicht mehr wegzudenken.

Zu Beginn unseres Jahrhunderts stand der Zusammenhang von Handschrift und Charakter außer Zweifel. Es waren dann die beiden Wissenschaftler *Georg Meyer* und *Ludwig Klages,* die die Verknüpfung von Psyche und Ausdrucksbewegung genauer untersuchten. Besonders letzterer gilt als der eigentliche Schöpfer der wissenschaftlichen Graphologie, weil es ihm gelang, die Deutung einzelner Merkmale auf Ganzheitsmerkmale, die sich aus Ausdrucksgesetzen ableiten, zu beziehen.

So gilt noch heute die Zuwendung zuerst der Handschrift als Ganzes, das heißt jenen Merkmalen, die unverkennbar die personale Eigenheit des Schreibers kennzeichnen. Über das hierzu erforderliche Eindrucksverständnis verfügt jedermann, wie die Alltagspsychologie beweist. Auch ohne Kenntnis der graphologischen Methoden kann ein Laie beim Betrachten einer Handschrift richtige Schlüsse auf den Schreiber ziehen. Er muß dazu nur die Handschrift als etwas Lebendiges betrachten und seine spontanen Beobachtungen durch Eigenschaftsworte charakterisieren. So kann er zum Beispiel von einer schwingenden oder kraftvollen Schrift sprechen oder sie gekünstelt finden. Diese Feststellungen enthalten bereits erste Wertungen und erlauben Rückschlüsse auf den Schreiber.

Dieses erste ganzheitliche und gefühlsmäßige Herangehen an den Gesamteindruck einer Schrift ist auch der Schlüssel für die gesamte graphologische Arbeit. Denn wie jede diagnostische Wissenschaft kann die Graphologie nicht allein theoretisch aus Büchern erlernt werden, sondern erfordert neben viel Übung auch ein gewisses Talent. Die Empfänglichkeit für das Einmalige einer Handschrift läßt sich nicht lernen, sondern nur als vorhandene Gabe entwickeln. Und hier will das vorliegende Buch ansetzen, indem es einem großen Kreis von interessierten Laien die Möglichkeit gibt, ihre Gaben zu prüfen und weiterzuentwickeln.

Schriftbilder sind Bilder des Charakters

*D*a das ganzheitliche Herangehen an eine Schrift so bedeutsam ist, steht das einfühlende Lesen von Schriftbeispielen mit den dazugehörigen Charakterbildern am Anfang. Die Steigerung der Empfänglichkeit für Erscheinungsgehalte sollte nämlich der Einzelanalyse vorangehen. Erfahrungsgemäß urteilen unbefangene Laien nicht selten sogar treffsicherer als Wissenschaftler. Die Begründung der Deutung und eine Übersicht über die Merkmalskunde wird den beiden nachfolgenden Abschnitten vorbehalten sein.

Die Schriftproben, die zum großen Teil nach 1960 entstanden sind, sollen zunächst für sich selbst sprechen und dem Betrachter durch das Lesen der dazugehörenden Beurteilungen eine ganzheitliche Annäherung erleichtern. Die Geschlechts- und Altersangaben sind jeweils bei der Schriftprobe vermerkt. Leider können Schriftreproduktionen Originale nicht ersetzen, so daß mit gewissen Sichtdifferenzen gerechnet werden muß. Entscheidend ist aber, daß der Blick des Lesers für das Einmalige und Echte einer Schrift geschärft und sein graphologisches Wahrnehmungsvermögen geschult wird.

Beispiel 1:
Wuchtig und expansiv

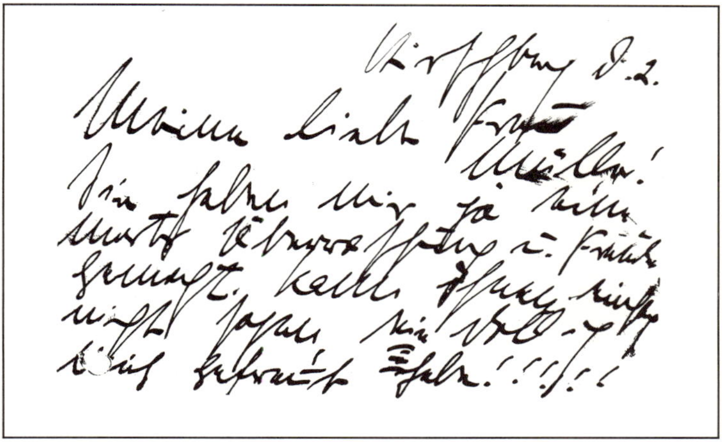

Abbildung 1

Die Schreiberin war zum Zeitpunkt, als sie diese Postkarte ab-
schickte, 34 Jahre alt. Diese Schrift stellt aufgrund ihrer Größe und
Wucht etwas ganz Besonderes dar. Sie ergießt sich dynamisch und
expansiv, zugleich aber leserlich und druckbetont, demonstrativ
breitspurig über die knappe Postkartenfläche, deren begrenztes
Platzangebot völlig außer acht lassend. Im ganzen ein überaus blut-
volles Farbbild, das man so leicht nicht übersieht.

Auch ohne schriftpsychologische Vorkenntnisse kann man hier sofort erkennen, daß es sich bei der Schreiberin um eine forsche und
antriebsbetonte Persönlichkeit handelt, die im Leben ihre eigenen
Wege geht. Sie wird ihre ganz persönlichen Wünsche immer durch-
zusetzen wissen. Rücksichten auf ihre Umwelt werden sie von ihren
Plänen nicht abhalten können. So nimmt es nicht wunder, daß es im
Umgangsverhalten auch zu gelegentlichen Härten und Schroffhei-
ten kommt.

Die großen Längenausschläge, besonders in der Unterzone, weisen
auf Begeisterungsvermögen und ausgeprägtes Betätigungsbedürf-
nis hin. Dabei bevorzugt sie Ziele, die nur mit einem hohen Maß an
Einsatzbereitschaft, Mut und Tatkraft erreicht werden können.

Im ganzen kann man aus der festen Verbundenheit der Buchstaben und der zügigen, betonten Strichführung erkennen, daß die biologisch-vitale Verwurzelung der Schreiberin größer ist als ihre Bindungen an geistige Bereiche.

In der Tat: Es handelt sich um eine weltbekannte Rekordfliegerin, deren physische Stabilität allgemein bekannt war und mir von der Adressatin der Postkarte ausdrücklich bestätigt wurde.

Beispiel 2:
Verschnörkelt und farblos

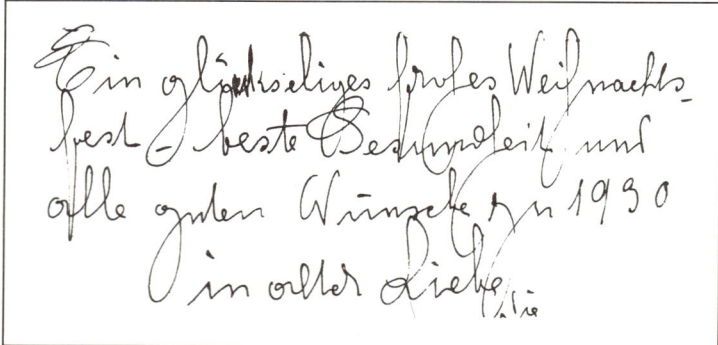

Abbildung 2

Bei dieser Schrift einer 45jährigen Frau fällt das schleifige Durcheinander aufgebauschter Einzelbuchstaben zuerst ins Auge. Hinzu kommt eine zarte und farblose Strichführung, die zwar durch eine Verklecksung gestört ist, aber im ganzen doch auf sorgfältig profilierte Formen bedacht bleibt. Die Einzelbuchstaben sind persönlich gestaltet und nehmen keine Rücksicht auf Zeilen- und Raumnormen. Insgesamt wirkt das Formbild etwas gekünstelt und verschnörkelt.

Der gestörte Bildrhythmus (Hineinbesserung, übertriebene Formgebungen, Zeilenverstrickung) und die zarten, stark längenunterschiedlichen Schriftzüge weisen auf einen uneinheitlichen, leicht verletzbaren Charakter hin, der nicht genügend Tatkraft besitzt, um alle seine Interessen zu verwirklichen. So nimmt es nicht wunder, wenn die gebildete und eigenwillige Dame vergeblich nach ihrem seelischen Gleichgewicht suchte.

Ihr Lebenslauf war gekennzeichnet von egoistischen Empfindlichkeiten, Verstiegenheiten und nicht zuletzt von einer depressiven Veranlagung. Sie lebte an der Seite eines Bildhauers ein unglückliches Leben. Trotz großer Sensibilität des Gemütes und der Sinne verstand sie es nicht, am Schaffen ihres Partners teilzuhaben – obwohl sie es immer anstrebte. Sie konnte ihre immer etwas überspannten Lebenswünsche nicht befriedigen.

Und das Ende? Man kann es nicht eindeutig aus der Schrift diagnostizieren, es sei denn, man weist auf den »Strich durchs Leben« hin, wie die alten Graphologen der französischen Schule aus den durchstrichenen Großbuchstaben *E, G* und *L* geschlossen hätten. Diese Schreiberin setzte nach mehrmaligen mißglückten Versuchen ihrem Leben durch Erhängen ein Ende.

Beispiel 3:
Gestochen und feingliedrig

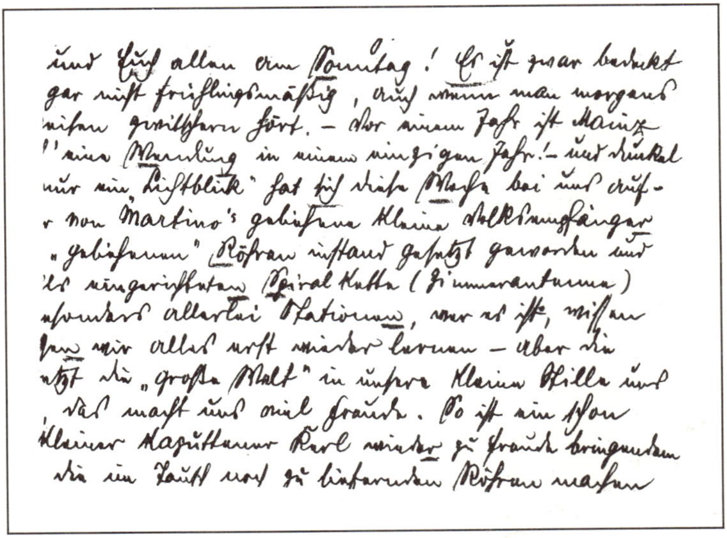

Abbildung 3

11

Bei dieser fein gestochenen und deutlich lesbaren Schrift spürt man etwas von der Freude des 65jährigen Schreibers am säuberlichen und korrekten Gestalten der deutschen Buchstaben – ganz so, wie er es in der Schule gelernt hat.

Das harmonische Formbild wirkt wie ein festverzwirntes Gewebe, dessen Einzelteile wie aus einem Zug feinfühlig zusammengefügt sind.

Kleinere, kreisförmige Einschlingungen (bei den Großbuchstaben und bei *g, h* und *r*) weisen auf eine flotte Schreibbewegung hin und verleihen dem Gesamteindruck etwas von heiterem Frohsinn.

Der formfeste Bildcharakter der vorliegenden Schriftprobe weist auf eine ästhetisch-ethisch ausgerichtete Persönlichkeit hin, der es nicht an Herzensgüte und Fröhlichkeit mangelt. Dank seiner Intelligenz verfügt der Schreiber über logisches Denkvermögen, geistige Beweglichkeit und seelische Beeindruckbarkeit. Mit ausgeprägtem Pflichtgefühl, Fleiß und einer immer regsamen Betriebsamkeit hat er es im Leben zu etwas gebracht. Sein Berufsweg vom Auszubildenden zum Direktor einer Großbank verlief ungewöhnlich und ist Beweis für seine außerordentliche Tüchtigkeit.

Gleichwohl muß man annehmen, daß materielle Lebensziele den Schreiber nicht voll befriedigen können. Sie waren immer nur Mittel zum Zweck, denn seiner Natur nach fühlt er sich geistigen und religiösen Zielen verpflichtet. So muß man auch annehmen, daß er trotz seiner bemerkenswerten Karriere an seinem Beruf keine besondere Freude fand. Von seinem Ärger und den inneren Nöten ließ er sich aber nichts anmerken, weil dies seiner Auffassung von Haltung und Selbstdisziplin widersprochen hätte.

Mit seiner disziplinierten Haltung kann der Schrifturheber auch vitale Schwächen nach außen verbergen bzw. überspielen. Obwohl er sich konventionellen Formen immer verpflichtet fühlte, blieb er in seinen Grundüberzeugungen von ganz persönlichen Gefühlen bestimmt. Hier stößt man auf die Unterschicht einer verfeinerten Egozentrizität, woraus sich auch seine Neigungen zu Selbstgefälligkeit und kleinen Eitelkeiten erklären lassen. Das gleiche gilt auch für seine Aufgeschlossenheit für erotische Kontakte und die Wertschätzung besonderer Lebensgenüsse.

Der Schreiber ist ein lebenstüchtiger und vertrauenswürdiger Charakter von empfindsamer psychischer Konstitution und gefühlsbestimmten, subjektiven Wertmaßstäben. Er erstrebt eine harmonische Umwelt, weil er diese als Daseinsbereicherung erlebt.

Beispiel 4:
Lebhaft und flüssig

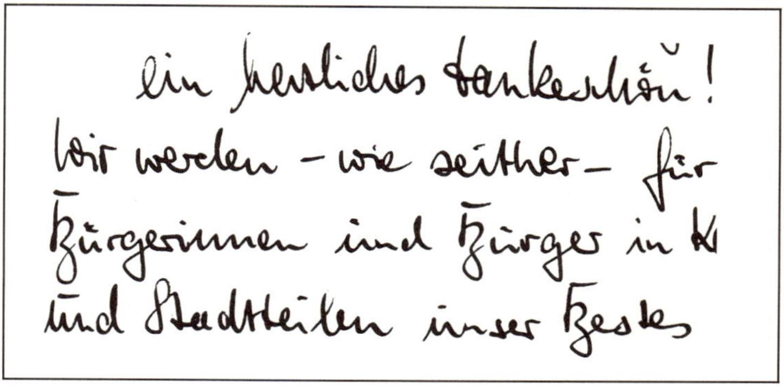

Abbildung 4

Diese Schriftprobe stammt von einem 45jährigen Mann. Mit bloßem Auge erkennt man den flotten Antrieb dieser raumgreifenden Schrift, deren warmer Strich saftig über die Papierfläche gleitet. Das Formbild wirkt mit seinen lockeren Kurven allerdings etwas demonstrativ.

Beim Anblick des sicheren Dahingleitens dieser Schriftzüge spürt man etwas von dem ausgeglichenen Temperament der unproblematischen Person des Schreibers. Eine allgemeine Zentriertheit gibt ihm vitale Sicherheit. Das zeigt sich sowohl in einem gleichmäßigen Arbeitsverhalten wie auch in einem guten Kontaktvermögen zur Umwelt.

Der mittelstarke Antrieb und die gute Steuerung der Schrift lassen auf eine lebhafte Psyche und gefühlvolles Anpassungsvermögen schließen. Gleichwohl versteht es der Schreiber bei aller Beständigkeit auch, sich das Leben nicht unnötig schwer zu machen, das heißt, er kann sich unnötige Anstrengungen ersparen und gelassen reagieren. Der Schreiber ist auch kein Kostverächter. Dank seiner Aufgeschlossenheit und persönlichen Ansprechbarkeit gewinnt er überall menschliche Sympathien.

Instinktsicher vermag er sich auf wechselnde Verhältnisse einzustellen. Wie man dem Schreibdruck entnehmen kann, fehlt es ihm auch nicht an Mut, Belastbarkeit und psychischer Robustheit. Man darf daher schließen, daß ihm auch alle Möglichkeiten zur aktiven Lebensbewältigung gegeben sind.

So nimmt es nicht wunder, daß es sich hier um einen erfolgreichen und beliebten Bürgermeister handelt, der über ein ausgeprägtes Selbstgefühl verfügt.

Beispiel 5:
Dicht und stabil

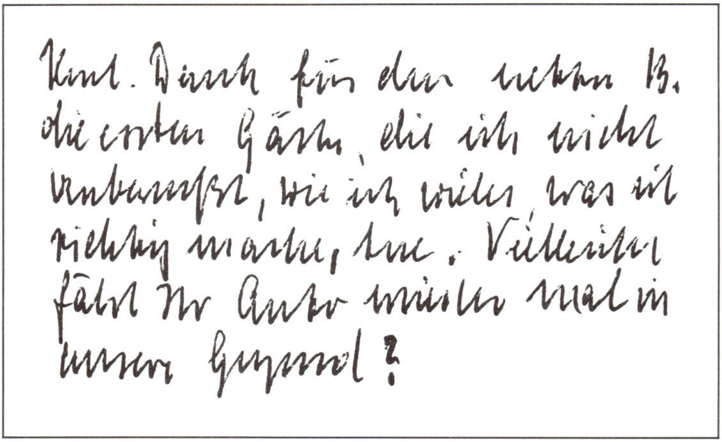

Abbildung 5

Die Verfasserin dieser Zeilen ist 64 Jahre alt. Dem Betrachter fällt die Festigkeit und Dichte des Striches zuerst ins Auge. Sie verleiht der Schriftprobe, trotz des periodischen Wechsels zwischen dunkleren und helleren Partien, den man im Original noch besser erkennen kann, einen homogenen und geschlossenen Charakter. Die Prägung der Formen zeigt Einfachheit. Sie verleiht dem Ganzen ungekünstelte Klarheit und Zügigkeit.

Die Schrifturheberin strahlt Zuverlässigkeit und Vertrauenswürdigkeit aus und ist im Arbeitsverhalten außergewöhnlich belastbar. Das entspricht genau dem dichten und stabilen Schriftbild. Wenn sie ihren Mitmenschen zunächst kühl und sachlich begegnet, so heißt das nicht, daß sie herzlos wäre. Im Gegenteil: in ihrer natürlichen und einfachen Art zeigt sie zumeist mehr innere Teilnahme und Aufgeschlossenheit ihren Mitmenschen gegenüber als die zu Euphorie neigenden Kontaktfreudigen. In ihrer ernsten Lebenseinstellung zeigt sie Treue zu sich selbst und zu den Aufgaben des Lebens. Sie nimmt die Höhen und Tiefen ihres Lebens mit Gelassenheit an und läßt von ihren inneren Erschütterungen nur wenig nach außen dringen. Nur ganz Vertrauten vermag sie sich zu öffnen. Die Festigkeit und Stabilität der Strichführung entspricht also dem Bilde innerer Klarheit und Sauberkeit, eine Deutung, die alle Menschen, die mit der Schreiberin in Kontakt kamen, nachdrücklich bestätigten. Als Leiterin eines großen Hofgutes kam sie mit vielen Menschen zusammen, die alle ihre Solidarität und ihre Leistungen im Alltagsleben zu schätzen wußten.

Beispiel 6:
Salopp und hemmungslos

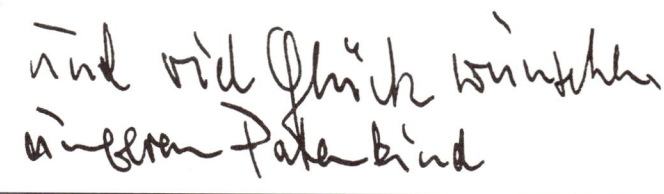

Abbildung 6

Diese Schriftprobe stammt von einem 46jährigen Mann. Der salopp hingeworfene Bewegungsablauf dieser Probe ist ohne gezügelte Steuerung. Gleichwohl soll er dekorativ wirken. Der Strich ist konturlos und die Bindungen sind verschliffen. In unscharfer Formgebung taumeln die Buchstaben auf fallend-schwankender Zeile dahin, und das Ganze macht einen disharmonischen und gestörten Eindruck.

Wenn man die gewollte Saloppheit dieser Probe zuerst ins Auge faßt, dann darf man hierin eine Protesthaltung erkennen, die sich gegen die allgemeine Ordnung richtet. Mit robuster Durchsetzung wird der Schreiber immer eigene Wege gehen und sich in seinen Vorhaben von keinen Rücksichten bremsen lassen.

Dank seiner guten geistigen und körperlichen Anlagen kann er sich auf allen Feldern des Lebens behaupten, obwohl er es vorzieht, Anstrengungen zu vermeiden. Es mangelt ihm nicht an Antrieb und Spontaneität, obwohl der ziemlich konturlose Strich auch auf Gleichgültigkeit und seelische Kühle hinweist.

Es sollte uns zu denken geben, daß sich der Schreiber nicht in die Karten sehen läßt. Die Linksschräglage und die Formverschleifungen – zum Beispiel das kleine *s* der zweiten Zeile – deuten an, daß er es versteht, der Welt etwas vorzuspielen, wenn es ihm angebracht erscheint. Das bedeutet, daß man ihn in puncto Zuverlässigkeit und Vertrauenswürdigkeit nicht vorbehaltlos positiv beurteilen kann.

In der Tat hat es sich im Laufe des unruhigen und abenteuerlichen Lebens des Schrifteigners erwiesen, daß ihm die Frage der Rechtmäßigkeit seiner Handlungen sekundär war, was für ihn und seine Geschäftspartner zu erheblichem Schaden geführt hat.

Beispiel 7:
Schwungvoll und gesteuert

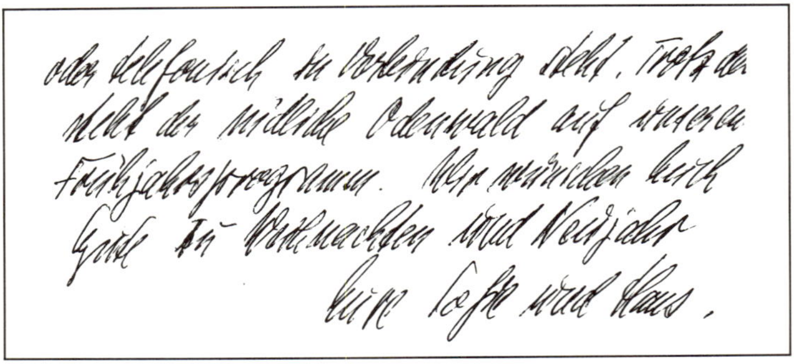

Abbildung 7

Der Schreiber dieser Zeilen ist 62 Jahre alt. Man spürt das schnelle Auf und Ab dieses hohen Mittelbandes, bei dem jeder Strich genau sitzt. Der klare Zeilenabstand und die gleichmäßige Anspannung des Schreibdruckes fallen ebenso ins Auge wie die Ungestörtheit des ganzen Ablaufs.

Der schwungvolle und zugleich gesteuerte Ablauf dieser auffallend großen und formal ordentlichen Schrift entspricht einer Persönlichkeit, bei der man Initiative und Pflichtgefühl erwarten darf.

Das große Mittelband weist auf ein betontes Selbstwertgefühl dieses einheitlichen und unproblematischen Charakters hin, das sich zuweilen auch in einem unkritischen Ich-Anspruch zu Worte melden dürfte.

Der ungestörte Ablauf deutet auf eine vitale Sicherheit, die dem Schreiber psychische Stabilität und physisches Durchhaltevermögen verleiht.

Man wird in der unveränderlichen Art des Schreibers auch Züge von ausgesprochenem Konservatismus finden, und seine Mitmenschen werden ihm im Zusammenleben gewisse Sonderinteressen und Sonderwünsche zubilligen müssen.

Diese Schriftprobe stammt von einem höheren Regierungsbeamten, dem es nicht an Zuverlässigkeit und Korrektheit mangelt, der sich aber im ganzen mehr an seelische als an geistige Bereiche gebunden fühlt.

Beispiel 8:
Individuell und weich

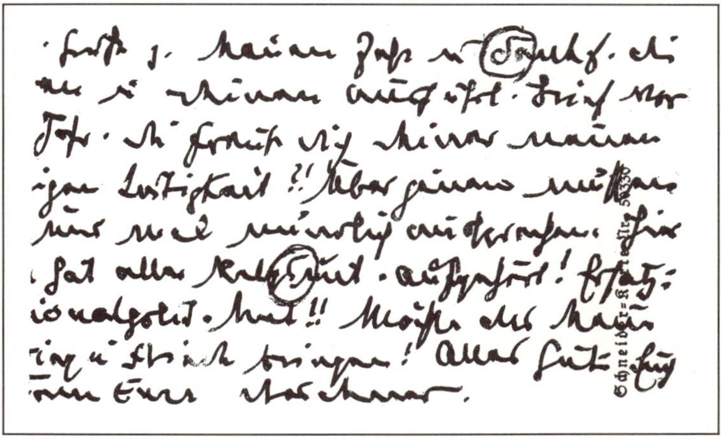

Abbildung 8

Diese kleine Schrift eines 53jährigen Mannes ergießt sich mit warmer Strichführung flott und gesteuert über die Fläche einer Postkarte. Sie ist nicht ohne weiteres für jedermann lesbar. Auffällig dabei sind einige Formveränderungen bei Einzelbuchstaben, verschleifende Vereinfachungen und Wortverkürzungen.

Die eigenwillig vereinfachten Schriftzüge dieser gut verbundenen Schriftprobe weisen auf die geistige Natur des Schreibers hin, der als Theologe mehrere wissenschaftliche Bücher veröffentlicht hat. Bei der Buchstabengestaltung fällt die besondere Variationskraft des Schrifteigners auf, die in den nach links und rechts aufwärts geschwungenen Linien der Buchstaben *d* und *s* sichtbar wird. Diese Zeichen wurden von der alten Graphologie als sogenannte »religiöse Kurven« gedeutet. Mag diese Beurteilung in ihrer Ausschließlichkeit auch irrtümlich sein, so trifft sie hier jedoch zu.

Der schwach-teigige Schreibdruck läßt Gemütskräfte und mitfühlende Wärme im Umgang mit anderen erwarten, während man aus der knappen Gestaltung der Wortenden auf Sachlichkeit und Beharrlichkeit bei der Selbstbehauptung bis hin zur Rechthaberei schließen darf.

Der Verfasser dieser Schriftprobe war zur Zeit des Gutachtens als Prediger über seine Stadt hinaus bekannt und vermochte erst dann mit sich selbst übereinzustimmen, wenn er sich im Einklang mit Gott zu wissen glaubte.

Beispiel 9:
Weiträumig und gestelzt

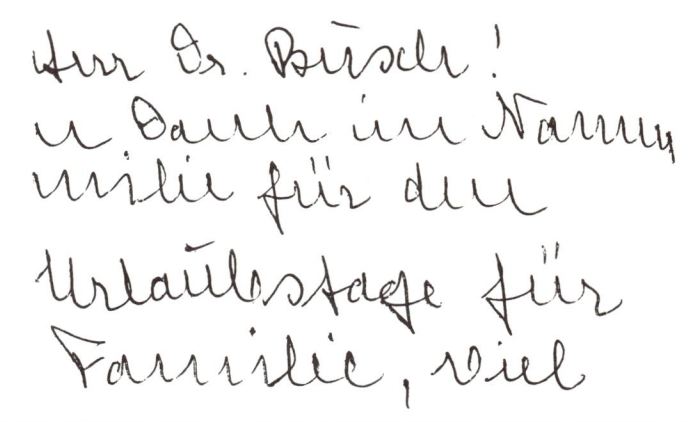

Abbildung 9

Diese Schriftprobe stammt von einer 58jährigen Frau. Die linksschrägen, leicht farbigen Schriftzüge mit den spitzkantigen Unterlängen fallen durch Größe und Weite etwas aus dem Rahmen des
Normalen. Sie wirken anspruchsvoll, eigenwillig und demonstrativ.
Das Formbild dieser Schriftprobe wird von einem hohen Mittelband geprägt, wobei die dreieckig-spitzen Unterlängen besonders
auffallen. Hier erkennt man sofort zweierlei: einmal die starke Vorherrschaft der Gefühle und des »Seelischen« und zum andern
eigenwillige Schutzmaßnahmen als Abwehrreaktionen. Das bedeutet, daß die Schrifturheberin dank ihrer Herzensgüte immer in Ge-
fahr ist, ausgenutzt zu werden. Trotzdem hat sie es verstanden, sich
selbst zu behaupten, weil sie eigensinnig auf ihre Persönlichkeits-
rechte pochen kann, was man ihr zuweilen auch als demonstrative
Eigenmächtigkeit auslegen wird.
In diesem Spannungsverhältnis entfaltet sie eine gute Haltung und
legt dabei großen Wert auf ein gepflegtes Äußeres. Man wird zudem
auf ein forsches Auftreten schließen dürfen, das, verbunden mit ihrem betonten Darstellungsbedürfnis, ihrer gehobenen gesell-
schaftlichen Position nur zugute kommen dürfte.

In der Tat: die Schreiberin vermag mit viel Geschick ihre zahlreichen Repräsentationsaufgaben zu erfüllen, ohne daß sie ihre mütterliche Seite dabei vernachlässigen müßte.

Beispiel 10:
Flott und klar

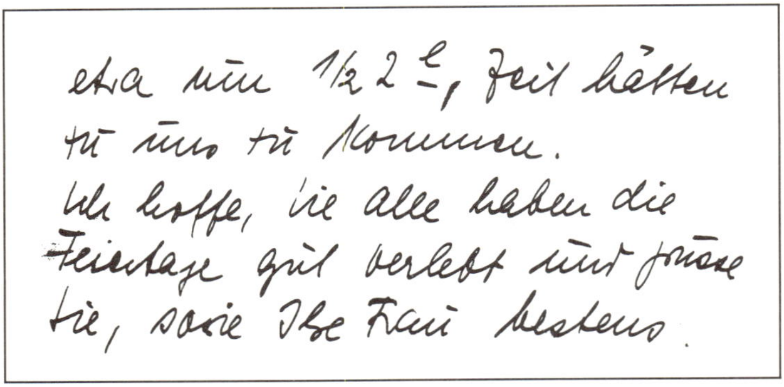

Abbildung 10

Die 44jährige Schreiberin dieser Zeilen verfügt über eine flotte, unverbildete und gut leserliche Schrift, die in ihrer herkömmlichen Formgebung sympathisch wirkt. Bei aller formalen Glätte spürt man doch den rhythmischen Ablauf.
Die flott und sicher hingeschriebene Schriftprobe erweckt den Eindruck vitaler Spannkraft und ausdauernder Aktivität. Alles ist gut abgewogen, und die großen Wort- und Zeilenabstände lassen auf die Fähigkeit zum Organisieren, Planen und Disponieren schließen. Es handelt sich um die Schrift der Ehefrau eines Unternehmers, die durch ihr heiteres und ausgeglichenes Gemüt in ihrer Umgebung viel Wärme verbreitet. Die ausgeglichenen Größenverhältnisse der Schriftprobe weisen auf eine geordnete Gedankenführung und ihre Einordnungsfähigkeit hin.
Die Schreiberin verbindet ihre Liebe zur Natur mit der Freude am gesunden Lebensgenuß, wobei ihre Wünsche und Ansprüche im Vergleich zu ihren finanziellen Möglichkeiten bescheiden genannt werden müssen. Der formalen Gefälligkeit ihrer Schriftzüge ent-

spricht ihr immer freundliches, entgegenkommendes Wesen, das Verläßlichkeit und Vertrauenswürdigkeit ausstrahlt. Vielleicht sollte sie manchmal mehr Selbständigkeit und Eigenantrieb an den Tag legen. Sie ist aber immer bereit, Konflikte auszuräumen und ausgleichend zu wirken. Sie versucht, jegliches nur auf Effekte abzielende Auftreten zu vermeiden, was sich in ihrem Verhalten zum Geschäftspersonal nur positiv auswirken dürfte.

De Schreiberin hat in ihrem Leben bewiesen, daß sie auch mit schweren Belastungen fertig werden kann und in ihrer inneren Sicherheit nur schwer zu erschüttern ist.

Beispiel 11:
Unruhig und sperrig

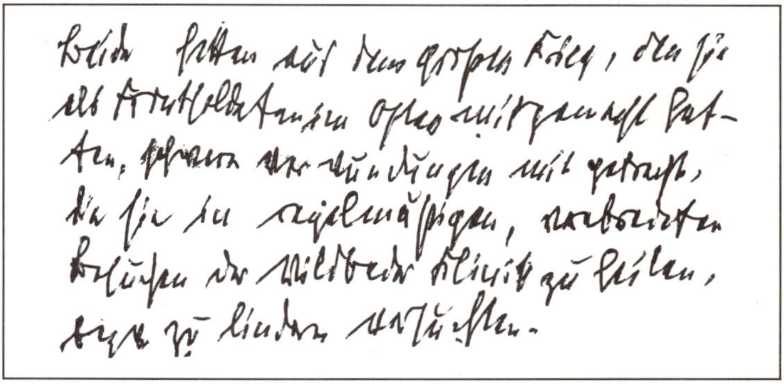

Abbildung 11

Der Verfasser dieser Schriftprobe ist ein 78jähriger Mann. Man hat den Eindruck, als ob die Buchstaben auf schwankenden Zeilen über die Schreibfläche dahintaumeln. Sie werden immer wieder in eine Steillage gezwungen, und so wirken die Schriftzüge gestaut und sperrig. Sie sind aber dennoch individuell geprägt. Die großen Schwankungen in der Mittelzone (Lage, Größe, Weite) und die schroffen Bremsungen an den Wortenden verstärken das unruhige Gesamtbild.

Der schwankende Ablauf dieser überaus gespannten Schriftzüge wirkt auf den ersten Blick alarmierend. Hier muß man aber wissen, daß es sich bei dem Schrifturheber um einen leitenden höheren Beamten handelt, der im Krieg eine schwere Hirnverletzung davontrug. Die durch eine sagittale (parallel zur Mittelachse liegende) Federhaltung erzeugte steile Sperrigkeit läßt erkennen, daß sich der Schreiber mit elementarer Kraft und bewußtem Willen um die Bewältigung seiner psychischen und physischen Belastungen bemüht. Und man darf hinzufügen: mit sichtbarem Erfolg. Denn es ist nicht zu übersehen, daß das spürbare Gleichmaß der Schreibantriebe – trotz einiger Hemmungen – auf echte innere Lebendigkeit schließen läßt, die aus einem starken vitalen Fundament erwächst. Die gewandten Knüpfungen und vorverbundenen Oberzeichen lassen auf eine gute geistige Begabung schließen, zu der ein ausgeprägtes ethisches Wertgefühl hinzukommt. Letzteres verleiht seinem Charakter Festigkeit, Zuverlässigkeit und Beharrlichkeit.

Obwohl das Benehmen des Schrifteigners im allgemeinen höflich und zuvorkommend ist, kann sich der Umgang mit ihm doch bisweilen schwierig gestalten. Besonders dann, wenn sich zu seiner Beharrlichkeit Züge von Eigenwilligkeit beimischen, wie man aus den winkeligen Abbruchformen an den Wortenden, die zeigen, daß der Schreiber schroff und unduldsam reagieren kann, entnehmen muß.

Wenngleich der Schreiber Zustände gelöster Entspannung zu schätzen weiß, fällt es ihm nicht leicht, aus sich herauszugehen.

Alles in allem: eine intelligente und gebildete Persönlichkeit, die sich gegen die Beschwernisse ihres Kriegsleidens erfolgreich zur Wehr setzt und dank ihrer vitalen Reserven das Leben zu meistern versteht.

Beispiel 12: Fließend und ausgewogen

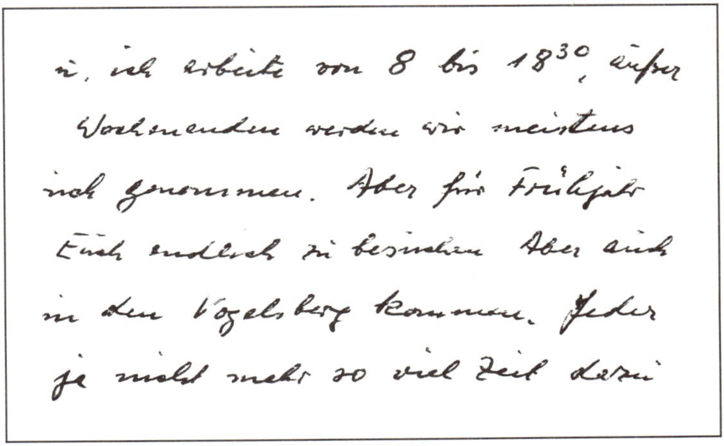
u. ich arbeite von 8 bis 18^{30}, außer
Wochenenden werden wir meistens
ich genommen. Aber für Frühjahr
Euch endlich zu besuchen Aber auch
in den Vogelsberg kommen. Jeder
ja nicht mehr so viel Zeit dazu

Abbildung 12

Bei dieser Schriftprobe eines 65jährigen Mannes fällt das ausgewogene Verhältnis von Bewegung und Formung zuerst ins Auge. Der flüssige Ablauf ist verstandesmäßig gesteuert, was besonders aus den gleichmäßig hoch gesetzten Oberzeichen ablesbar ist. Die steuernden Kräfte, die der fließenden Schrift als Ganzes ein harmonisches Gleichgewicht verleihen, sind Ausdruck einer in sich gefestigten, intelligenten Persönlichkeit.
Die prägnanten Schriftzüge und das feine Vibrieren in der Strichführung weisen auf einen intelligenten Schreiber hin, der neben ausgezeichneten Verstandesgaben über Einfühlungsvermögen und einen zielsicheren Willen verfügt.
Im einzelnen wären hier zu nennen: Erkennen des Wesentlichen, Abstand von Dingen und Erlebnissen, analysierendes Denken und Kritikfähigkeit. Aus den klaren und großen Wort- und Zeilenabständen darf man auf Organisations- und Planungsfähigkeit schließen, die dem Schreiber beruflich sehr genutzt haben.
Der Schreiber hat schon in früher Jugend aus eigenem Antrieb Sprachen erlernt und es dabei zu beachtlichen Leistungen gebracht, obwohl er physisch nicht besonders stabil war. Aber er

wußte seine geringere Belastbarkeit immer auszugleichen, entweder durch Willenseinsatz oder durch intellektuelle Kompensation. Zu seinen positiven Eigenschaften muß man auch seine aufgeschlossene und gesellige Art zählen, die ihn zu leitenden Positionen befähigte. Zuletzt hat er dank seiner großen Belesenheit und seiner Sprachkenntnisse als Leiter einer Bibliothek Ansehen und Beliebtheit erworben.

Beispiel 13: Warm und gezügelt

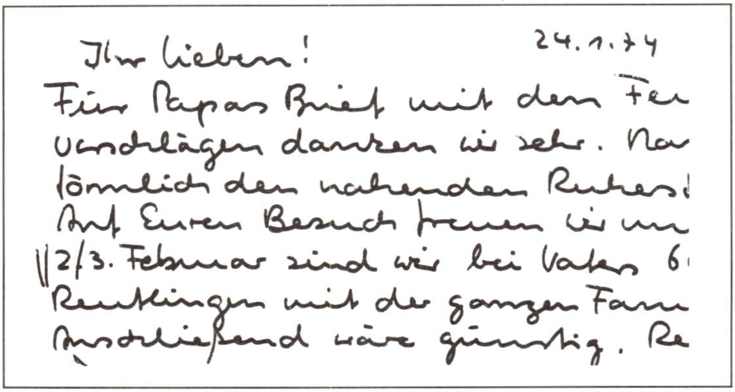
Ihr Lieben! 24.1.74
Für Papas Brief mit den Fe
Vorschlägen danken wir sehr. Na
förmlich den nahenden Ruhes
Auf Euren Besuch freuen wir un
2/3. Februar sind wir bei Vaters 6
Reutlingen mit der ganzen Fam
Anschließend wäre günstig. Re

Abbildung 13

Die Schreiberin ist eine 34jährige Frau. Die harmonische räumliche Aufteilung dieser gut verbundenen Schriftprobe fällt ebenso ins Auge wie der warme, druckverlagerte Strich. Die Buchstabenformen sind sachlich. Das Ganze wirkt ausgeglichen, übersichtlich und geordnet.

Der weiche, warme Strich läßt auf ausgeprägte seelische Beeindruckbarkeit der Schreiberin schließen. Man kann erkennen, daß sie aus den Kräften des Gemüts lebt, wobei ihre guten Verstandesgaben ganz wesentlich zur Selbstbehauptung beitragen.

Die sachlichen Vereinfachungen dieser fließend geschriebenen Schriftzüge lassen Befähigung zu geistiger Arbeit erwarten. So wundert man sich nicht zu erfahren, daß die Schrifturheberin mit außerordentlichem Fleiß, unermüdlichem Einsatz und unter persönlichem Verzicht ein Medizinstudium absolviert hat.

Die geregelte Raumaufteilung läßt die willentliche Steuerung erkennen, und die abgebrochenen, druckbetonten Wortenden lassen vermuten, daß die Schreiberin es nicht immer leicht hat, die selbstübernommene Verantwortung zu tragen. In diesen Zusammenhang gehören auch die auffallenden Druckverlagerungen in die Aufstriche im Mittelband. Sie weisen auf Überforderungen hin, die mit der inneren Anpassung an vorgegebene Verhältnisse zusammenhängen. Hier scheint Schonung der Kräfte geboten, um einen Abbau der inneren Spannungen herbeizuführen.

Als Mutter von vier Kindern ist die Schreiberin an der Seite ihres Mannes Mittelpunkt der Familie und zu jedem Opfer bereit.

Beispiel 14:
Stilisiert und brüchig

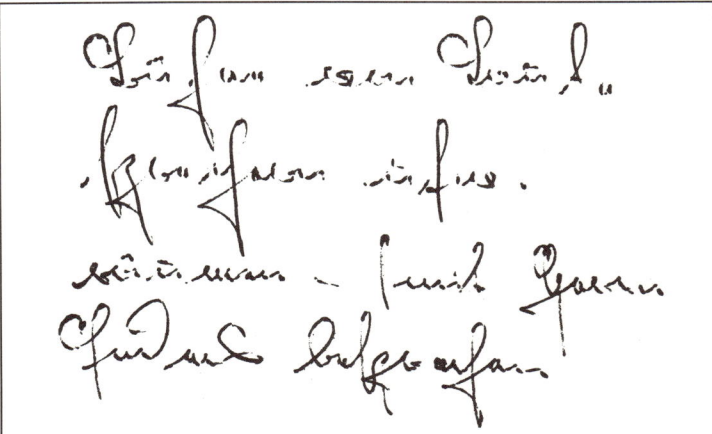

Abbildung 14

Die aufdringlich stilisierte Gestaltung der Ober- und Unterlängen bestimmt den ersten Eindruck dieser Schrift eines 26jährigen Mannes. Das Gesamtbild wirkt fleckig, und der Strichrhythmus ist insgesamt gestört.

Bei dieser Schriftprobe fällt die Stilisierung am meisten auf. Diese Formübertreibungen zeigen einen Menschen, der etwas darstellen will, was er im Grunde gar nicht ist. Seine Größenvorstellungen übertreffen sein tatsächliches Leistungsvermögen beträchtlich. Die starke Unverbundenheit der einzelnen Buchstaben läßt auf einen gewissen Einfallsreichtum schließen, der sich aber als problematisch erweisen kann, wenn die Frage der praktischen Realisierung gestellt wird. Zudem läßt der schwache, unstete Druck die Frage aufkommen, ob der Schrifturheber überhaupt imstande ist, seine sprunghaften Fähigkeiten und Einfälle auszuführen. Zweifellos versteht er es aber gut, sich in den Vordergrund zu spielen und mit immer neuen Vorhaben zu beeindrucken.
Die ausschweifenden Formen der Unterlängen und die winkenden Schnörkel bei den Großbuchstaben lassen auf erotische Wünsche schließen, die gut zu seiner Eitelkeit und seinem Egoismus passen. Es handelt sich um einen angehenden Kaufmann, der immer wieder neue Berufsplätze einnimmt und von allen Bekannten als problematische, unzufriedene und zwiespältige Natur bewertet wird.

Beispiel 15:
Geordnet und eigenständig

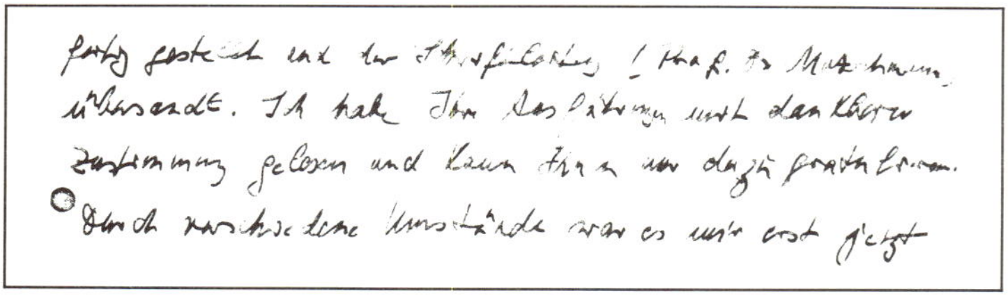

Abbildung 15

Das harmonische Gesamtbild der Schrift dieses 76jährigen Mannes wird bestimmt von eigenartigen, aber nicht stereotypen Formen und einer straff geführten Bewegung. Der weiche, breite Strich wirkt warm und locker. Durch die weiten und klaren Wort- und Zeilenabstände wirkt das Ganze leserlich und übersichtlich.
Das geordnete und geprägte Schriftbild fällt zuerst ins Auge. Es weist auf Bewußtheit, Ordnungsliebe und Verstandesgaben hin,

das heißt, auf geistnahe psychische Bereiche. Wenn man die individuelle Gestaltung der Großbuchstaben *S, P, I* und *A* hinzunimmt, kann man ein Streben des Schreibers nach höheren, geistigen Ordnungsprinzipien erkennen.

Dabei wahrt der Schrifteigner immer Abstand zu den Menschen und Ereignissen seiner Umwelt, wie man den großen Wort- und Zeilenabständen entnehmen kann. Der Schreiber ist in der Lage, sich im Leben und Denken selbständig zu orientieren und mit lebhaftem Willen auf die Behauptung seines als richtig erkannten Weltbildes hinzuwirken.

Die knorrige Eigenwilligkeit, die man an den gewichtigen Wortkörpern ablesen kann, läßt auch keinen Zweifel aufkommen, daß es dem Schrifteigner keine Sorgen macht, ob seine Erkenntnisse und Überzeugungen der Umwelt gefallen oder nicht. Der Schreiber steht und fällt mit seiner Gesinnung, von der er sich nichts abhandeln läßt.

In der Tat: es handelt sich um einen angesehenen Universitätsprofessor, der sich in seinem Fachgebiet Theologie einen Namen erworben hat und der von seinen Kollegen, trotz seiner Unnachgiebigkeit und Unangepaßtheit, geachtet und hochgeschätzt wird.

Eindruckscharakter und Rhythmik

Wie im vorangegangenen Kapitel schon gezeigt, beginnt die Handschriftendeutung mit der Ermittlung des sogenannten Eindruckscharakters. Von der Beschreibung des Schrifteindrucks ausgehend versuchten wir dann, uns zu den Charaktereigenschaften des Schreibers vorzutasten. Die Eindruckscharaktere werfen immer ein Schlaglicht auf einen besonderen Bereich der psychischen Gesamtpersönlichkeit.

Der Gesamteindruck

Für die Persönlichkeitspsychologie ist es wichtig, sich auf bestimmte Stammbegriffe der Seelenkunde zu stützen. *Klages* entwickelte für die drei Hauptbereiche Geist, Seele und Leib einen Katalog von charakterisierenden Eigenschaften, die für die graphologischen Praktiker zum Allgemeingut wurden. Sie sollen deshalb in gekürzter Form nach der Tabelle von *Müller* und *Enskat* hier angeführt werden:

Hauptbereich Geist	
Eindruckskomplexe der Schriftbefunde	Psychische Komplexe der Charakterbefunde
Auffassen:	
übersichtlich	Verstandesbegreifen
gewandt	Kombinationsvermögen
differenziert	Logik, Scharfsinn
karg	Intellektualismus
knöchern	Gedankenblässe
Wollen:	
entschieden	Zielsicherheit
dynamisch	Initiative
gesteuert	Einordnungswilligkeit
monoton	Unlebendigkeit
sperrig	Starrköpfigkeit

Hauptbereich Seele	
Eindruckskomplexe der Schriftbefunde	Psychische Komplexe der Charakterbefunde
Schauen: geweitet gelöst weich schwingend zart	Gemüt gefühlsbetont Gefühlsabhängigkeit Einbildungskraft Sensibilität
Gestalten: ausdrucksvoll gestaltet eigenartig gekünstelt maniert	Stilbedürfnis Ausdrucksverlangen individualistisch überspannt Effekthascherei

Hauptbereich Leib	
Eindruckskomplexe der Schriftbefunde	Psychische Komplexe der Charakterbefunde
Empfinden: natürlich dicht farbig warm schmierig	sinnenhafte Ansprechbarkeit praktische Einstellung Anhänglichkeit Verbindlichkeit Plumpheit
Triebantrieb: kraftvoll lebhaft zügig ungehemmt fahrig	Lebensdrang Expansionslust Temperament Impulsivität Ungeduld

Für die praktische Handhabung dieser Tabelle gilt: Je mehr der Schriftbefund von einem Eindruckskomplex beherrscht wird, um so stärker ist die Persönlichkeit des Schreibers nach einem entsprechenden Stammbegriff hin akzentuiert. So weist zum Beispiel die dynamisch-drängende Schrift des 1. Beispiels von Seite 9 auf den starken Triebantrieb der Schreiberin hin, während das aktive Wollen und die charakterliche Festigkeit aus dem 5. Beispiel auf Seite 14 ohne weiteres ablesbar sind.

Gleichwohl darf die Ermittlung und Auswertung von Eindruckscharakteren in der graphologischen Diagnostik nicht überbewertet werden. Sie steht zweifellos am Anfang jeder Deutung, aber sie ist nicht alles. Es gilt nämlich, der Handschrift noch eine zweite Seite abzugewinnen, indem man sie als objektiven graphischen Tatbestand betrachtet. Wenn wir zu einer fundierten Analyse vordringen wollen, dann kann man auf eine rationale Zergliederung des Untersuchungsobjektes Handschrift nicht verzichten.

Hier kommt jetzt die Ausdruckslehre von *Ludwig Klages* ins Spiel. Klages wies nach, daß die Handschrift eine Ausdruckserscheinung ist, das heißt, daß sich in ihr, wie in jeder Körperbewegung, Erlebnisse und Gemütsbewegungen, mithin seelische Zustände und Vorgänge, ausdrücken. So formulierte er sein Ausdrucksgesetz: »Jede Ausdrucksbewegung verwirklicht das Antriebserlebnis des ausgedrückten Gefühls.« Auf der Gültigkeit dieses Satzes beruht die psychologische Deutbarkeit aller Ausdruckserscheinungen, gleich ob es sich um Gang oder Haltung, um Gesichtsausdruck oder Handschrift handelt. *Heiß* schließt sich dem an, indem er die Schrift als »geronnene Gebärdensprache« bezeichnet. Einem Kartenspieler vergleichbar, der eine gute Karte auf den Tisch »schmettert«, weist auch in der Schrift ein von oben nach unten zielender Bewegungszug auf Nachdrücklichkeit und Eigenwillen hin.

Klages formulierte neben dem Ausdrucksgesetz noch ein zweites, das sogenannte Leitbildgesetz. Dieses besagt, daß der Schreiber bei der Gestaltung seiner Schrift die Abweichungen von der Schulvorlage abhängig macht von dem von ihm erwünschten Eindruck. Aus einer unbewußten inneren Notwendigkeit heraus gestaltet er seine Schrift nach einem optischen Leitbild. *Klages* kommt zu dem Schluß, »daß der Eindruck, den eine Schrift machen soll, mit zu den Ursachen ihrer Entstehung gehört«.

Nicht alle Merkmale, die eine Schrift charakterisieren, können mit Hilfe des Ausdrucksgesetzes erfaßt werden. Ein gutes Beispiel ist das Merkmal Schriftlage, das weder ein Element der Stärke noch der Dauer, noch der Richtung einer Bewegung enthält. Es ist mehr als nur Bewegungsausdruck, es ist daher leitbildlich zu deuten. So wählt ein Schreiber zum Beispiel große Buchstaben, weil er eine innere Beziehung zur Großzügigkeit und Überlegenheit hat, oder aber auch aus einem Mangel daran, das heißt, weil er seine erlebte Schwäche kompensatorisch durch das Gegenbild überwinden will. Diese leitbildlichen Einflüsse bei der Form- und Raumgestaltung sind nicht einfach zu diagnostizieren.

Schriftrhythmus

Wir stehen nun vor der Frage, wie die Eindeutigkeit von Merkmalen in einer bestimmten Handschrift zu ermitteln ist. Oder, anders gefragt: Wo finden wir den übergeordneten Maßstab für das Ganze einer Schrift, der bei der Bewertung aller Einzelmerkmale den Ausschlag gibt? Das ist insofern wichtig, da die Deutungsableitungen ergeben haben, daß jedes Merkmal über seinen allgemeinen Ausdruckssinn hinaus mehrdeutige Aussagen zuläßt.
Die Graphologen fanden diesen Maßstab in einem übergreifenden Befund, dem sogenannten Schriftrhythmus. In Anlehnung an *Knobloch* läßt sich der Rhythmus einer Handschrift definieren als die Wiederkehr des Ähnlichen in ähnlichen Abständen. Der Schriftrhythmus zeigt das Strukturbild eines Schreibers, das sich ergibt aus dem Verhältnis von Vitalität und Geist.
Im einzelnen erkennen wir den Rhythmus als Bewegungsphänomen in der Elastizität des Striches, in der Periodik der Abläufe und im Auf und Ab des Mittelbandes bzw. der Kurzlängen. Hier kommt es darauf an zu erkennen, was sich bewegungsmäßig ähnlich wiederholt. Je nach der Stärke der rhythmischen Qualitäten werden die Merkmale dann als eher positiv oder eher negativ einzustufen sein. Berücksichtigt werden bei dieser Beurteilung die Größe und Weite, der Druck und die Verbundenheit einer Schrift. Nicht zuletzt gilt es auch, den Strich selbst als Maßstab für den Lebendigkeitsgrad heranzuziehen und zu prüfen, ob es sich um einen elastischen oder schlaffen bzw. starren Strich handelt. Man greife sich hierzu eine aus einem Zuge entstandene Buchstabenfolge heraus und beurteile aus der Anschauung, ob es sich dabei um fließende, schwingende oder um gestörte Bewegungsgestaltung handelt.

Bewegungsrhythmus

Eingedenk der Tatsache, daß rhythmische Phänomene in der Handschrift nicht gemessen werden können, sonden nur in lebendiger Anschauung zu erleben sind, sollen die nachfolgenden Schriftbeispiele (nach *Wittlich*) dem Leser das graphologische Sehen und das Werten rhythmischer Befunde anschaulich machen. Wir beginnen mit dem Bewegungsrhythmus.

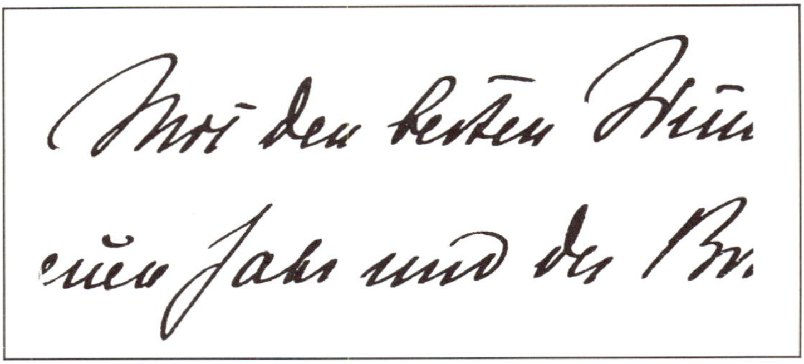

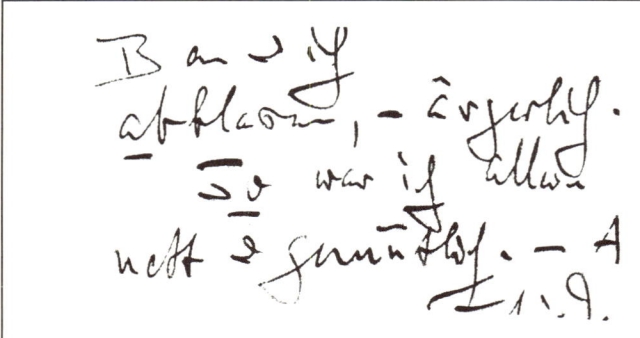

Abbildung 16

Hier fällt der ungestörte Bewegungsablauf und der elastische Strich zuerst ins Auge. Beuge- und Streckbewegungen stehen in einem ausgeglichenen Verhältnis. Die Schrift zeigt einen stabilen, gut gesteuerten Ablauf und ist positiv zu beurteilen.

Abbildung 17

Dieses Beispiel ist dagegen negativ zu beurteilen. Auffällig ist besonders der flackernde Druck und der gestörte Ablauf. Formzerstückelungen, verkümmerte Grundstriche und schwankende Größenverhältnisse weisen auf eine gewisse Antriebslabilität hin.

Ziehen wir nun ein Resümee aus diesem Schriftvergleich, so liegt es auf der Hand, daß die Anzeichen der schwächeren Vitalität der Schriftprobe in Abbildung 17 auch auf schwächere Antriebskraft, gestörtes Selbstgefühl und mangelhafte und unberechenbare Ansprechbarkeit für seelisch-sinnliche Reize schließen lassen. Dagegen zeigt der Bewegungsrhythmus in Abbildung 16 Selbstsicherheit und eine wirklichkeitsnahe geistige Haltung, Charakterqualitäten also, die man vom Verfasser der anderen Schriftprobe nicht erwarten kann.

Formenrhythmus

Schwieriger als der Bewegungsrhythmus, auch Ablaufrhythmus genannt, sind die rhythmischen Qualitäten der Formgestaltung zu beurteilen. Auch hier gilt, daß Rhythmus die Erneuerung von Ähnlichem in ähnlichen Zeitfolgen ist. Somit wäre der Formenrhythmus nichts anderes als die Ausgewogenheit, Natürlichkeit und Gewachsenheit der Buchstabengestaltung, die wiederum das Denken, Wollen und Handeln des Schreibers zum Ausdruck bringt. Das soll wieder an zwei Schriftbeispielen verdeutlicht werden.

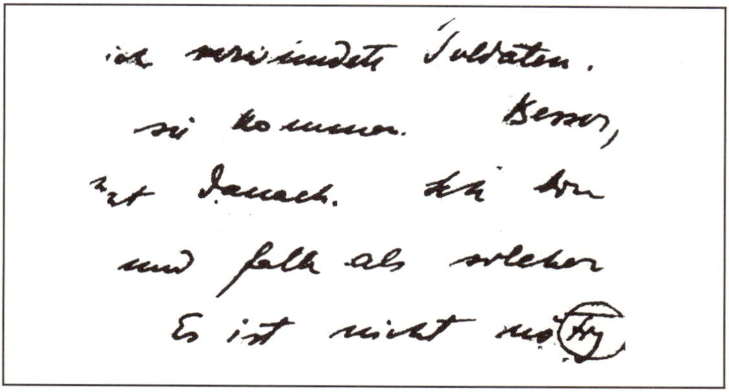

Abbildung 18

In der Abbildung 18 fällt die gute Ausgewogenheit des Formbildes auf. Es ist eine Wiederkehr in sich verwandter, ähnlicher Formen erkennbar. Eine geprägte und leserliche Schrift, die auf gute Haltung und gestaltende Kräfte, Entschlußfähgkeit und geistiges Leistungsvermögen hinweist und positiv beurteilt werden muß.

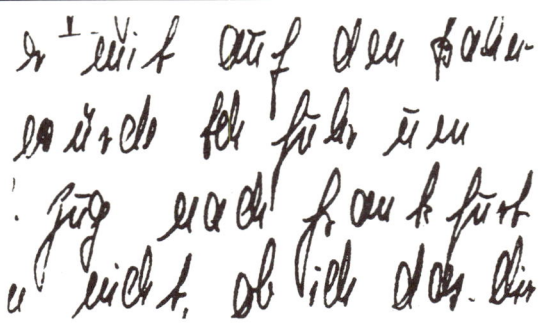

Abbildung 19

Bei dieser Schrift fallen die Lücken und die generelle Unausgeglichenheit besonders auf. Auch die unklare Buchstabengestaltung gibt zu denken und läßt auf Formauflösungstendenzen schließen. Unschöne Aufbauschungen weisen zudem auf Gewolltheiten und triebhaftes Verhalten hin. Insgesamt ist diese Schrift negativ zu beurteilen.

Wenn wir zusammenfassend den Formenrhythmus der Beispiele vergleichen, ergibt sich ein deutlicher Unterschied in bestimmten Hauptbereichen der beiden Schreiber. So ist der Schreiber der Probe 18 mehr nach der geistigen Seite hin akzentuiert, während man beim zweiten Schreiber auf eine Vorherrschaft des Gefühls und auf mangelhafte Willensdisziplinierung schließen muß.

Verteilungsrhythmus

Die dritte rhythmische Qualität, die es zu bestimmen gilt, ist die der Raumverteilung, der sogenannte Verteilungsrhythmus. Er ist abhängig von den Proportionen der Wort- und Zeilenabstände und bestimmt das Gesamtbild des Geschriebenen im Schriftfeld. Sind diese Proportionen harmonisch, so erkennt man einen positiven

Verteilungsrhythmus, ist das optische Gleichgewicht jedoch gestört – etwa durch Zeilenverhäkelungen oder ausfahrende Einzelzüge –, so sind die Raumverteilungsmerkmale negativ zu bewerten. Zwei Beispiele sollen die Unterschiede aufzeigen.

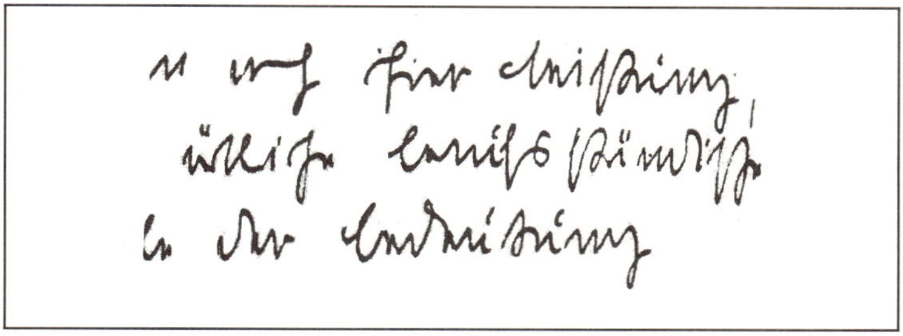

Abbildung 20

In zwangloser Einfachheit und zügigem Fluß füllt diese Schrift den vorgegebenen Raum. Die sauberen Konturen der Einzelformen und die gute Gliederung des Schriftsatzes sind sofort zu erkennen. Die Wortkörper sitzen als Ganzes ausgewogen im Raum. Die Schrift ist positiv zu beurteilen.

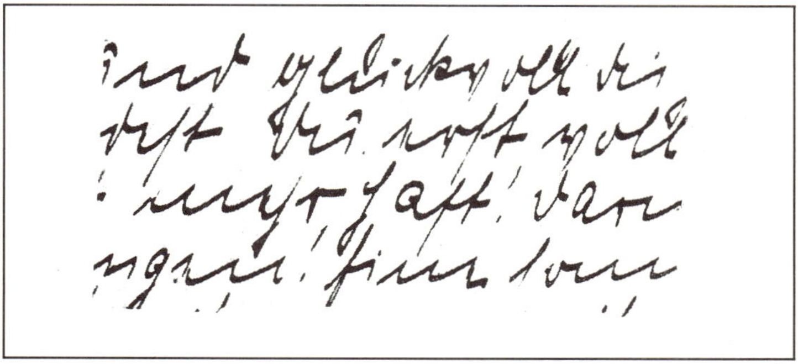

Abbildung 21

Bei der Raumaufteilung fehlt in diesem Beispiel der Sinn für Proportionen, trotz des hohen Anspruchs auf ästhetische Wirkung. Die mangelhafte Gliederung der Wortkörper ist auffallend. Die Zeilen hängen zu dicht aneinander; zum Beispiel stößt das ausfahrende *g* der ersten Zeile auf das *d* der zweiten Zeile.

Wenn man beide Schriften nun im Blick auf die beiden Charaktere vergleicht, dann stammt die Schrift in Abbildung 20 von einer vital-kräftigen, gereiften Persönlichkeit mit großer Aktivität und selb-ständiger Lebensführung. Dieser Schreiber hat weniger Schwierig-keiten mit seiner Umwelt als die Person, von der die in Abbil-dung 21 gezeigte Schrift stammt. Diese Person neigt zu Bequem-lichkeit und stützt sich im Leben gern auf andere.

Interpretationshilfen

Auch wenn wir mit der Unterscheidung von drei rhythmischen Qualitäten einen leichteren Zugang zum rhythmischen Gesamtbild einer Schrift gewonnen haben, sollte uns immer bewußt bleiben, daß es um verschiedene Erscheinungen eines Ganzen geht, die letztlich nur erlebt und erschaut werden können. Dabei geht es in erster Linie darum, Störungen zu erkennen, die immer auch zugleich auf Störungen des seelischen Erlebens und Konflikte hin-weisen.

Grundsätzlich verweisen
● Störungen im Bewegungsrhythmus auf Unausgeglichenheiten der vitalen Grundschicht
● Störungen des Formenrhythmus auf Schwächen des Selbstge-fühls
● Störungen des Verteilungsrhythmus auf Konflikte mit der Um-welt.

Und noch ein zweites sollte klargeworden sein: Die rhythmischen Befunde sind Schlüsselmerkmale und entscheiden als solche auch über die Wertigkeit der Einzelmerkmale innerhalb der Merkmals-bedeutung.

So wird im allgemeinen folgende Zuordnung vorgenommen:
● Bei einem gestörten Bewegungsrhythmus wird man bei der In-terpretation der anderen Bewegungsmerkmale die lebens-schwachen Seiten betonen.
● Ein gestörter Formenrhythmus wird auch für andere Formge-bungsmerkmale eine negative Interpretation nahelegen.
● Störungen im Verteilungsrhythmus lassen auf lebensschwache Verteilungsmerkmale schließen.

Außerdem sollte man sich klarmachen, daß jedes der drei Grundbilder der Schrift auf einen bestimmten Hauptbereich der Persönlichkeit hinweist.

- Das Bewegungsbild – repräsentiert durch den Bewegungsrhythmus – spiegelt vor allem Anlagen und Eigenschaften des seelischen Antriebs und Ablaufs.
- Die Analyse des Formbildes – also des Formenrythmus – beantwortet hauptsächlich Fragen nach Haltung, Selbstgestaltung und Verpflichtungsgefühlen.
- Im Raumbild, das durch den Verteilungsrhythmus bestimmt wird, spiegelt sich mehr oder minder die Ausgewogenheit der Persönlichkeit zwischen Natur und Geist, zwischen innen und außen.

Die Merkmalsbedeutungen

*I*m Gegensatz zu den Eindruckscharakteren sind die Schriftmerkmale objektive Gegebenheiten, die zum Teil meßbar sind. Es sind die charakteristischen Einzelzüge eines Schriftganzen, die immer wieder durch den ganzen Ablauf der Schrift mit unterschiedlicher Häufigkeit erkennbar sind. Sie lassen auf immer wiederkehrende Verhaltenszüge des Schreibers schließen und bestimmen das Bewegungs-, Form- und Raumbild eines Schriftstückes. Wenn wir etwa sagen, eine Schrift sei groß oder klein, eng oder weit, so meinen wir damit, daß jeder Schreibzug größer und weiter bzw. kleiner und enger ist, als es die Schreibvorlage im Durchschnitt verlangt. Die Durchschnittswerte entsprechen den gültigen Schriftnormen (siehe Abbildung Seite 64). Oder wenn wir aussagen, daß eine Schrift druckstark sei, so meinen wir damit, daß, auf das Ganze der Schrift gesehen, der Druck stärker ist, als wir ihn im Hinblick auf die Norm erwarten. Der Schreibdruck, der sich aus der Beziehung zwischen Widerstand und Kraft ergibt, zeigt das Existenzgefühl bzw. die Grundbefindlichkeit zwischen den beiden Polen Verfestigung und Unsicherheit.

Oder nehmen wir das Merkmal Bogigkeit und Rundheit, das in seiner allgemeinen Grundbedeutung auf Weichheit und Anschmiegsamkeit hindeutet, das aber in der einen Schriftbeurteilung mit Güte und Hingabe diagnostiziert werden muß, während es bei einem anderen Schriftbild Gefühlsduselei oder Energielosigkeit anzeigt. Hier stoßen wir auf eine wichtige Erkenntnis, die alle Merkmalsdeutung betrifft: Jeder Zug und jedes Einzelzeichen des graphischen Tatbestandes erhält seine genaue, individuelle Bedeutung erst vom ganzen Schriftbild her.

Da diese im Abschnitt »Schriftrhythmus« dargestellte Unterscheidung von bewegungsmäßigen, formalen und räumlichen Komponenten einer Schrift heute zum eisernen Bestand moderner Graphologie gehören, müssen sie auch bei den Ableitungen der Merkmalsbedeutungen beachtet werden.

Bei einem Schreiber, dessen Schrift zum Beispiel einen gestörten Bewegungsrhythmus zeigt, wird man auch bei der Beurteilung der Bewegungsmerkmale dieser Tatsache Rechnung tragen und sich eher an den negativ gefärbten Interpretationen orientieren. Analog dazu hat eine Störung in den beiden anderen Komponenten Auswirkungen auf die Deutung der dazugehörigen Merkmale.

Es ist leider unmöglich, im Rahmen dieses Buches für jeden einzelnen der angegebenen Befunde die genaue Ableitung zu erörtern. Ich orientiere mich an den Tabellen von *Heiß* und möchte nochmals darauf hinweisen, daß jedes Merkmal seinen speziellen diagnostischen Sinn erst aus dem graphischen Gesamtkomplex des Eindruckscharakters gewinnen kann. (Die zur Veranschaulichung abgebildeten Schriftproben stammen übrigens überwiegend aus dem Lehrbuch von *Bernhard Wittlich.*)

Bewegungsmerkmale

Druckstärke

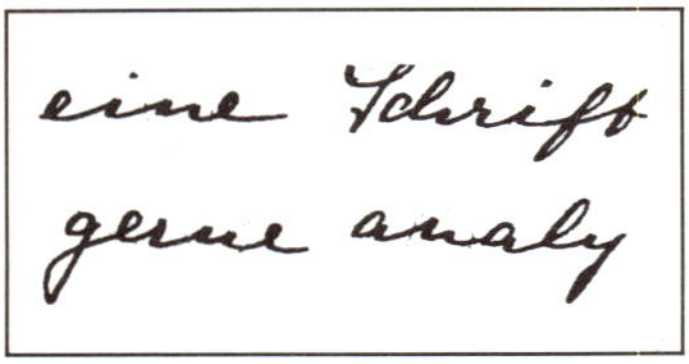

Abbildung 22

Beschreibung: Straffe, gespannte Strichführung

Interpretationshinweise

Spannkraft
Aktivität
Willenskraft
Vitalität
Entschlossenheit

Überforderung
Gezwungenheit
Reizbarkeit
Unselbständigkeit
im Druck sein

Druckschwäche

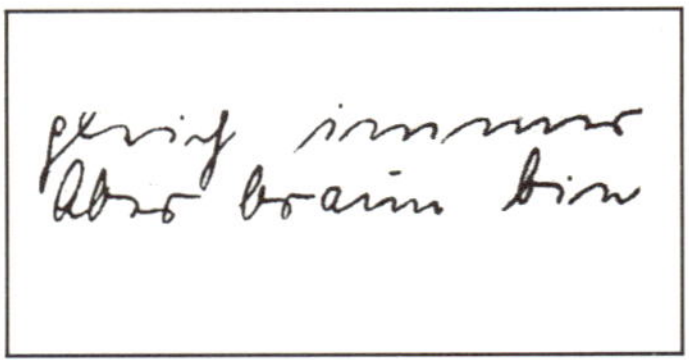

Abbildung 23

Beschreibung: Dünne, weiche Strichführung

Interpretationshinweise

Anpassungswilligkeit
Beweglichkeit
Gewandtheit
Feinfühligkeit
Versöhnlichkeit

Unbestimmtheit
Labilität
Grundsatzlosigkeit
Haltlosigkeit
geringe Belastbarkeit

Da hier bei beiden Schriftproben der Bewegungsrhythmus positiv zu beurteilen ist, kommen jeweils die Deutungen aus der oberen, positiven Merkmalsgruppe in Betracht.

Teigigkeit

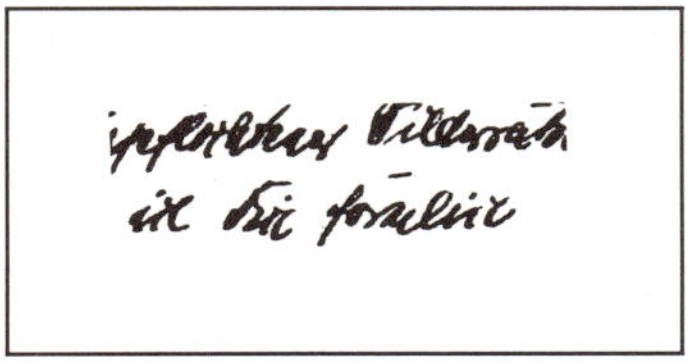

Abbildung 24

Beschreibung: Breiter Strich, weich, gelegentlich verschmiert

Interpretationshinweise

Erlebnisfähigkeit
Ansprechbarkeit
Triebhaftigkeit
Ungezwungenheit
Vitalität

Sichgehenlassen
neigt zu Ausschweifungen
mangelnde Selbstdisziplin
Trägheit
sinnliche Reizbarkeit

Schärfe

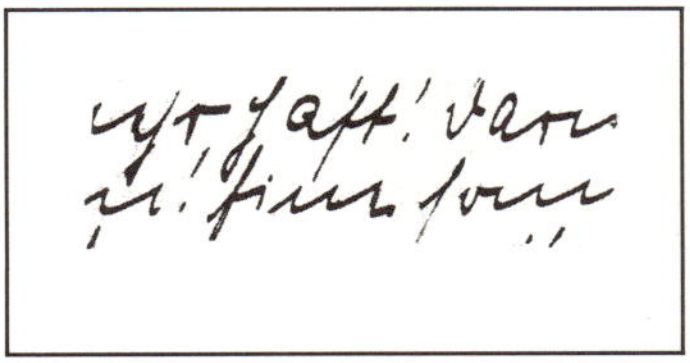

Abbildung 25

Beschreibung: Mit harter Feder geschrieben, deutliche Unterscheidung der Haar- und Grundstriche, spitz, Feinheiten der Buchstabenformen

Interpretationshinweise

Strenge
Zielenergie
Selbstdisziplin
Nüchternheit
intellektuelle Fähigkeiten

Gedankenblässe
geringe Ansprechbarkeit
vitale Schwäche
Gemütskälte

Bei Abbildung 24 ist der Bewegungsrhythmus positiv und bei Abbildung 25 negativ zu beurteilen; folglich kommen links die Deutungen der oberen und rechts die der unteren Merkmalsgruppe in Frage.

Größe	Kleinheit

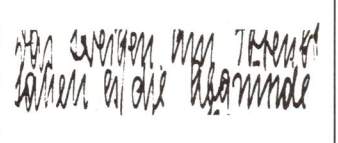

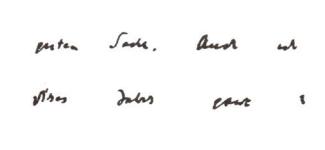

Abbildung 26	*Abbildung 27*

<u>Beschreibung</u>: Die mittlere Grundstrichlänge ist größer als drei Millimeter

<u>Beschreibung</u>: Die mittlere Grundstrichlänge ist kleiner als drei Millimeter

Interpretationshinweise

Interpretationshinweise

Begeisterungsfähigkeit Tatendrang Idealismus Selbstbetonung Großzügigkeit	Wirklichkeitssinn Konzentrationsfähigkeit Pflichtgefühl Besonnenheit Ideenreichtum
Wirklichkeitssinnmangel Kritiklosigkeit Arroganz Ungehemmtheit Leichtsinnigkeit Subjektivität	innere Unsicherheit Kleinlichkeit Zurückhaltung Mitgefühl Gehemmtheit

Der gute Bewegungsrhythmus der beiden Schriftproben verweist auf die Deutungsmerkmale der oberen Gruppen. Da die Schriftgröße oft Schwankungen ausgesetzt ist, ist dieses Merkmal aber mit sehr viel Vorsicht auszuwerten!

Eile	Langsamkeit

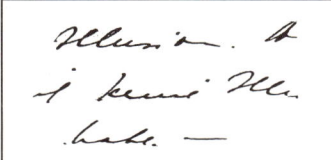

Abbildung 28	*Abbildung 29*

Beschreibung: Zügige Strichführung bei wegkürzender Rechtstendenz und Ungenauigkeit der Oberzeichen

Beschreibung: Genaue Bindungsformen, keine Wegkürzungen, richtungsgenaue Oberzeichen

Interpretationshinweise

Interpretationshinweise

Lebhaftigkeit	Konzentrationsfähigkeit
Tätigkeitsdrang	Gleichmut
Temperament	Beschaulichkeit
Ansprechbarkeit	Besonnenheit
Willenserregbarkeit	Ruhe
Aufgeregtheit	Schwerfälligkeit
Ablenkbarkeit	Unentschlossenheit
Unbeständigkeit	Trägheit
Haltlosigkeit	Willensschwachheit
Verführbarkeit	Gehemmtheit

Aus dem flotten Bewegungsablauf der linken Probe (Abbildung 28) spürt man das Tempo des Antriebs, während rechts eine durch Bedächtigkeit bedingte Langsamkeit ersichtlich wird. Für beide Proben kommen jeweils die positiven Eigenschaften der Interpretationshinweise in Betracht.

Verbundenheit	Unverbundenheit

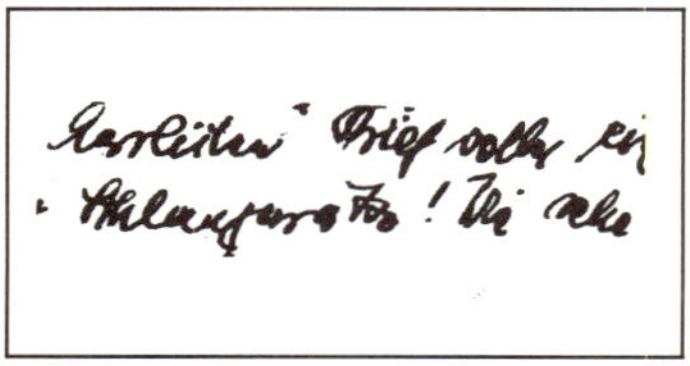

Abbildung 30

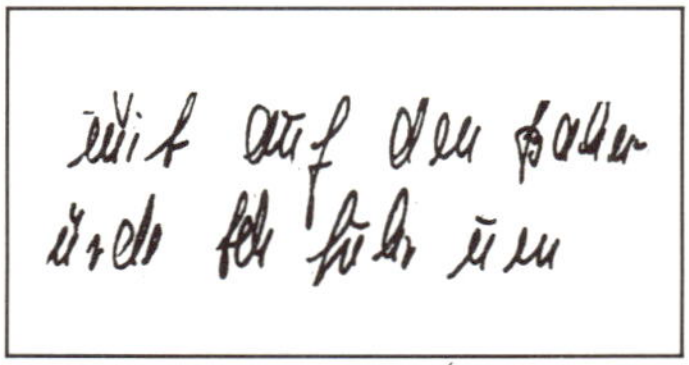

Abbildung 31

Beschreibung: Mehr als fünf Buchstaben werden in einem Zug geschrieben

Beschreibung: Schriftunterbrechungen auch in kurzen Wörtern

Interpretationshinweise

Interpretationshinweise

Kombinationsgabe logisches Denken Besonnenheit praktische Begabung Systematik	Einfallsreichtum Intuition Ansprechbarkeit Schlagfertigkeit Witz
Unselbständigkeit Unachtsamkeit Gedankenarmut Mangel an Initiative Wirklichkeitssinnmangel	Unüberlegtheit Unberechenbarkeit Launenhaftigkeit Sprunghaftigkeit Mangel an Logik

Bei Abbildung 31 gilt die schwache, untere Tabellengruppe, während bei Abbildung 30 der starke Bewegungsrhythmus auf die Eigenschaften der oberen Hälfte hinweist.

Weite	Enge

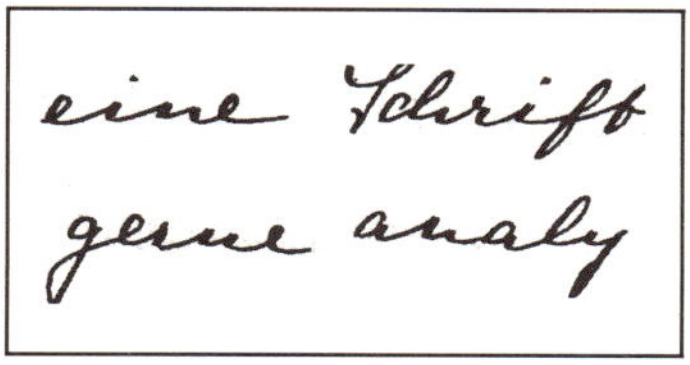

Abbildung 32

Abbildung 33

weit	eng

Beschreibung: Die Basisbreite der Kleinbuchstaben ist breiter als die Grundstrichhöhe

Beschreibung: Die Basisbreite der Kleinbuchstaben ist kleiner als die Grundstrichhöhe

Interpretationshinweise

Interpretationshinweise

Aufgeschlossenheit Durchsetzungsfähigkeit Ungebundenheit Strebsamkeit Interessiertheit	Selbstbeherrschung Konzentration Diskretion ethische Tendenzen Umsichtigkeit
Unüberlegtheit Zwanglosigkeit hohe Ansprüche Oberflächlichkeit Hemmungslosigkeit	Ängstlichkeit Engstirnigkeit Vorurteile Bedenkenlosigkeit Mißgünstigkeit

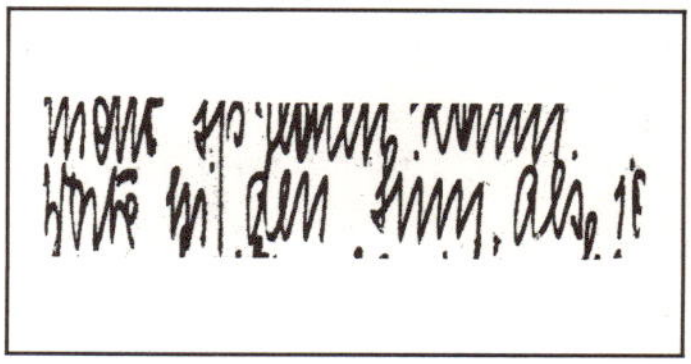

Wir haben links (Abbildung 32) einen positiven und rechts (Abbildung 33) einen negativen Bewegungsrhythmus. Dementsprechend werden links die Eigenschaften der oberen und rechts die der unteren Tabellenhälfte zutreffend sein.

Formgebungsmerkmale

Bindungsformen

Die Art, wie die Grundstriche der Kurzlängen bei den Buchstaben *i, m, n, u, v und w* miteinander verbunden werden, nennt man Bindungsform. Man unterscheidet vier Grundformen:

1. Winkel,
2. Girlande,
3. Arkade,
4. Faden.

Außer diesen Hauptbindungsformen gibt es noch zahlreiche Misch- und Übergangsformen, auf die aber hier nicht näher eingegangen werden soll.

Winkel

Reiner Winkel

Gestützter Winkel

Abbildung 34

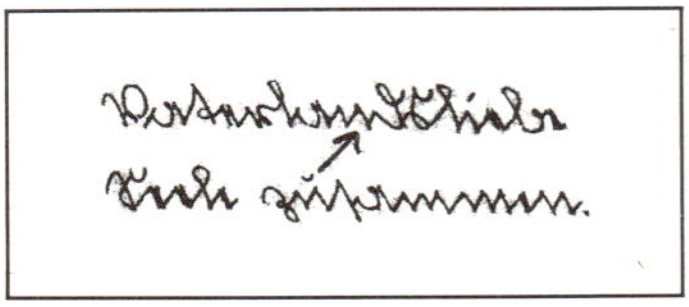

Abbildung 35

Beschreibung: Wenn Haar- und Grundstrich bei einem plötzlichen Richtungswechsel in Winkelform aneinanderstoßen, entsteht die Bindungsform Winkel. Es gibt zwei Hauptformen:

reiner Winkel

gestützter Winkel

Interpretationshinweise

Tatkraft
Entschiedenheit
Widerstandskraft
Standhaftigkeit
Pflichtgefühl

Kälte
Härte
Unnachsichtigkeit
Teilnahmslosigkeit
Reizbarkeit

Interpretationshinweise

Konventionalität
Unbeirrbarkeit
Konsequenz
Nüchternheit
Konfliktnatur

Unversöhnlichkeit
Gezwungenheit
Zwiespältigkeit
Durchtriebenheit
Heuchelei

Bei beiden Schriftproben macht der Winkel, leitbildlich gewertet, den Eindruck des Festen und Harten, und bei beiden Proben kann man den schwachen Formenrhythmus an der stereotypen, taktierenden, starren Strichführung erkennen. Man wird demgemäß bei einer Deutung auf die negativen Merkmale der jeweils unteren Tabellenhälfte verwiesen. Die gestützte Nebenrichtung in Abbildung 35 erkennt man daran, daß der Haarstrich nicht genau am unteren und oberen Grundstrich ansetzt.

Girlande

Reine Girlande

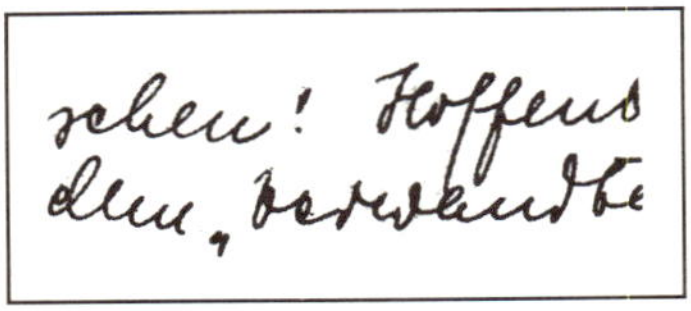

Abbildung 36

Gestützte Girlande

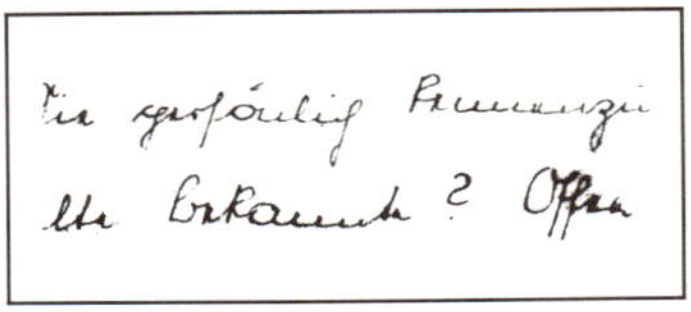

Abbildung 37

Durchgeschleifte Girlande

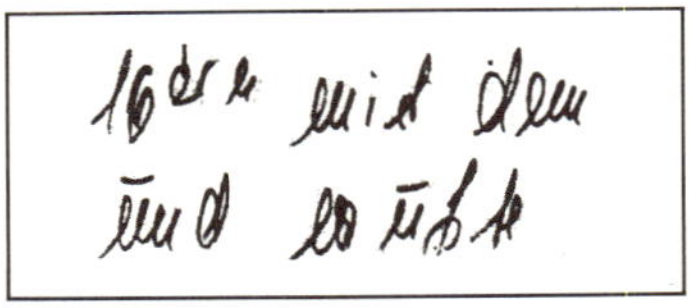

Abbildung 38

Beschreibung: Die Bindungsform Girlande verbindet die Grundstriche der Kurzlängen miteinander durch einen nach oben geöffneten Bogen. Sie ist gestützt, wenn der Abstrich eng am Aufstrich klebt, und durchgeschleift, wenn der Rechtsschwung übertrieben wird, so daß vor der Strichumkehr noch ein zweites Schleifenknötchen entsteht. Es gibt folgende drei Hauptformen:

reine Girlande

gestützte Girlande,
Abstrich
eng am Aufstrich

durchgeschleifte
Girlande

Interpretationshinweise
(Reine Girlande)

Güte
Hingabe
Wohlwollen
Offenheit

Unselbständigkeit
Ablenkbarkeit
Nachgiebigkeit
Haltlosigkeit

Interpretationshinweise
(Gestützte Girlande)

Weichlichkeit
Gezwungenheit
Stimmungsabhängigkeit
Depressionen

Erregbarkeit
Affektverdrängung
Unaufrichtigkeit

Interpretationshinweise
(Durchgeschleifte Girlande)

Verbindlichkeit
Förmlichkeit
Ichgebundenheit
Gehemmtheit

Übertriebenheit
Berechnung
Gefühlsegoismus

Bei der Schriftprobe (Abbildung 36) mit der reinen Girlande ist der Formenrhythmus positiv zu beurteilen, während bei den beiden Proben der gestützten (Abbildung 37) und der durchgeschleiften (Abbildung 38) Girlande ein negativer Formenrhythmus vorherrscht. Hier kommen die negativen Merkmale der Tabellen zur Anwendung. Es sei noch bemerkt, daß die gestützte Girlande der mittleren Schriftprobe getaktet und gestochen wirkt, aber nicht rhythmisch.

Arkade

Reine Arkade   Gestützte Arkade

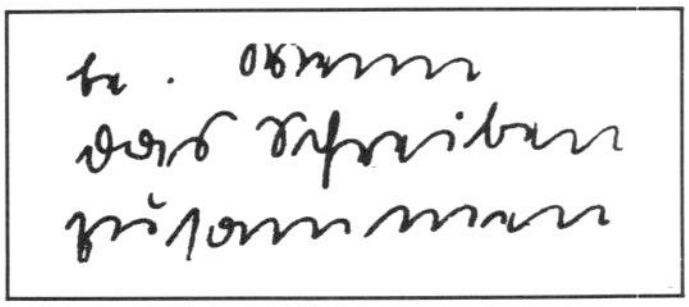

Abbildung 39   Abbildung 40

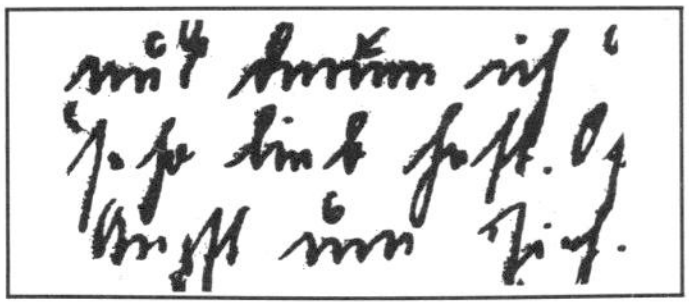

Beschreibung: Die Bindungsform Arkade erkennt man an dem oben bogigen Übergang vom aufwärtsgehenden Haarstrich zum Grundstrich. Auch hier gibt es Sonderformen, wobei die wichtigste die gestützte Nebenrichtung ist. Hierbei wird der Aufstrich deckungsgleich mit dem vorhergehenden Abstrich. Wir behandeln hier nur die beiden Hauptformen:

 reine Arkade m gestützte Arkade

Interpretationshinweise   Interpretationshinweise

Konservativ	Härte
Distanz	Zwiespältig
Selbstkontrolle	Verdeckt
Besonnen	Mangel an Offenheit
Verschlossen	Verlegenheit
Unsicherheit	Unaufrichtigkeit
Abschließung	Rücksichtslos
Verstellung	Scheinheilig

Im Gegensatz zur Natürlichkeit und Teilnahmefähigkeit von Girlandenschriften erscheint in lebensschwachen Arkadenschriften ein Mangel an Offenheit und Aufrichtigkeit. Dieser Befund gehört zu den am besten gesicherten Deutungen. In unserem Beispiel haben wir in Abbildung 39 einen schwachen Formenrhythmus und dürfen daher auf die Merkmale in der unteren Tabelle schließen. Ähnlich bei Abbildung 40: Auch hier fehlen die Qualitäten eines guten Formenrhythmus. Die gestützte Arkade wirkt taktierend verfestigt und wir werden auch hier auf die negativen Eigenschaften verwiesen.

Faden

Reiner Faden   Doppelbogen

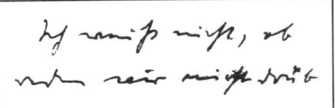   

Abbildung 41   *Abbildung 42*

Beschreibung: Die verwaschene, unscharfe und verschliffene Form der Bindung, die geometrisch nicht faßbar ist, ist der Faden. Er kommt auch in der Schulvorlage nicht vor. Er erscheint als »Eilefaden« zumeist in Wortenden und hat dann lediglich die Bedeutung eines Begleitmerkmals der Eile. Als echter Binnenfaden oder Doppelbogen weist er zumeist auf Vielseitigkeit und Gewandtheit, aber auch auf Vieldeutigkeit und Undurchsichtigkeit des Schreibers hin. Die beiden Hauptformen sind:

reiner Faden   Doppelbogen

Interpretationshinweise   Interpretationshinweise

Einfühlungsgabe Gewandtheit Diplomatie Vielseitigkeit	
Labilität Haltlosigkeit Unbestimmtheit Verstellungsgabe	Zwiespältigkeit Unechtheit Scheinheiligkeit Unaufrichtigkeit lavieren

Bei beiden Schriftproben erkennt man den negativen Formenrhythmus, daher kommen die Merkmale der unteren Tabelle in Frage. Abbildung 41: haltlose Vielseitigkeit und Unbestimmtheit, Abbildung 42: scheinheiliges Lavieren und Unaufrichtigkeit.

Reichhaltigkeit

Mager, vereinfacht

Voll, bereichert

Abbildung 43

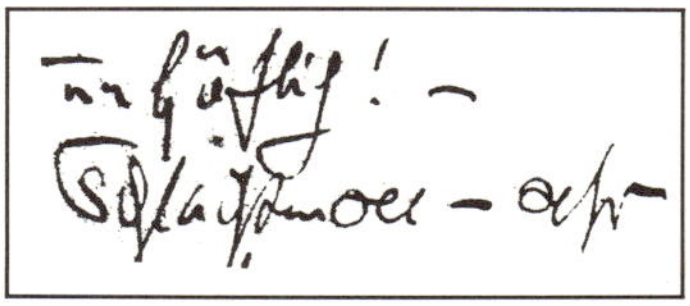

Abbildung 44

Beschreibung: Bei bewußter Vereinfachung der Formen, gekürzten Schreibewegen und mager gehaltenen Kurven sprechen wir in der graphologischen Terminologie von mager bzw. vereinfacht. Wenn dagegen die Buchstaben an Masse und Völle durch Erweiterung der Schleifen und Kurven gewinnen, sprechen wir von bereichert oder voll.

mager, vereinfacht

voll, bereichert

Interpretationshinweise

Interpretationshinweise

Verstandesstärke	Phantasie
Vernunftsteuerung	Gefühlsreichtum
Gefühlsherbheit	Formensinn
Nüchternheit	Wunschbilder
Sorglosigkeit	Unsachlichkeit
Unzuverlässigkeit	wichtigtuerisch

Die größere geistige Klarheit und Nüchternheit finden wir in der Schriftprobe der Abbildung 43, während aus der Schriftprobe der Abbildung 44 das gefühlsbetonte Charakterbild hervortritt. Bei beiden Proben kann man von einem positiven Formenrhythmus ausgehen.

Raumverteilungsmerkmale

Hierbei handelt es sich vorwiegend um Verhältniseigenschaften verschiedener Schriftbestandteile. Es sind leitbildlich bestimmte Elemente wie Schriftlage, Schriftgrößen, Gliederungs- und Ordnungsmerkmale.

Schriftlage

Man versteht unter der Schriftlage das Verhältnis der Grundstriche zur Zeilenrichtung. Ist der Winkel größer als 90 Grad, spricht man von linksschräger Schrift, beträgt er genau 90 Grad, spricht man von steiler Schrift, und ist der Winkel kleiner als 90 Grad, liegt eine rechtsschräge Schrift vor.

Linksschräg

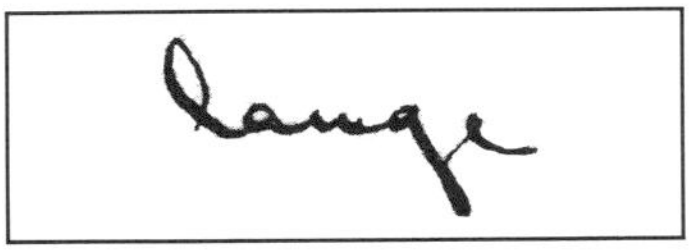

Steil

Abbildung 45

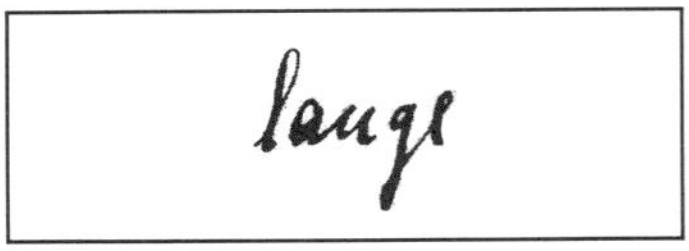

Abbildung 46

Rechtsschräg

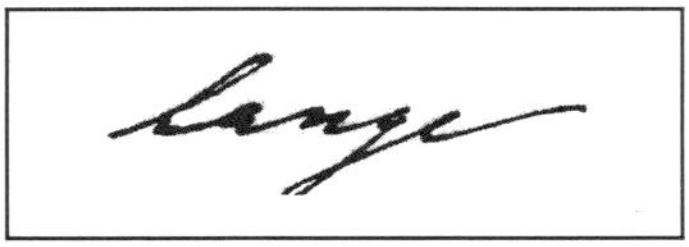

Abbildung 47

Beschreibung: Winkel größer als 90 Grad, linksschräg

Beschreibung: Winkel 90 Grad, steil

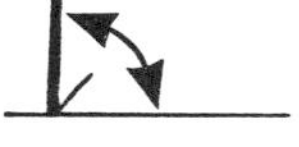

Beschreibung: Winkel kleiner
als 90 Grad, rechtsschräg

Interpretationshinweise
(linksschräg)

Oppositionslust Selbstüberwindung Lebensangst
Unnahbarkeit Eingebildetheit Unechtheit

Interpretationshinweise
(Steil)

Selbständigkeit Stabilität Vernunft
Kälte Unnachsichtigkeit Unzugänglichkeit

Interpretationshinweise
(Rechtsschräg)

Ansprechbarkeit Hingebung Gefühlsoffenheit
Unselbständigkeit Triebhaftigkeit Reizbarkeit

Bei linksschrägen Schriften ist die Vorwärtsbewegung in den Abstrich verlagert, das heißt, der Zug des Sichöffnens ist einge-
schmolzen in den Zug der Versteifung. Pubertierende bevorzugen
diesen Zug. Wegen seiner starken Schwankungen hat er nur be-
grenzten charakterologischen Deutungswert.

Längenteilung

Unter Längenteilung versteht der Graphologe das Verhältnis von Oberlänge zur Unterlänge. Bei einer Oberlängenbetonung ist die Oberlänge größer als die Unterlänge. Umgekehrt ist bei einer Unterlängenbetonung die Unterlänge größer als die Oberlänge.

Oberlängenbetonung   Unterlängenbetonung

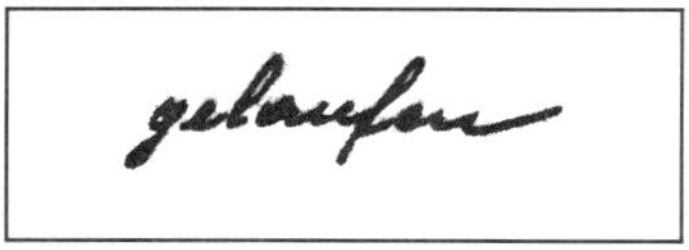

Abbildung 48   *Abbildung 49*

Beschreibung: Oberlängen sind   Beschreibung: Unterlängen
größer als die Unterlängen   sind größer als die Oberlängen

Interpretationshinweise   Interpretationshinweise

Geistige Neigungen	Gemütswärme
Begeisterungsfähigkeit	Wirklichkeitssinn
Offenheit	Praktische Neigungen
Oberflächlichkeit	Materielle Einstellung
Unsachlichkeit	Schwerfälligkeit
Dünnblütigkeit	Unbeweglichkeit

Beide Beispiele zeigen einen positiven Formenrhythmus, weshalb die Merkmale der oberen Tabellenhälfte in Frage kommen. In der Längenteilung kommt die Geistigkeit (Nüchternheit) zum Ausdruck.

Längenunterschiedlichkeit

Neben der Beachtung der Ober- und Unterlängen gibt es noch die Bewertung der sogenannten Längenunterschiedlichkeit aus dem Verhältnis von Kurzlänge zur Langlänge. Hierbei wird das Normalverhältnis der deutschen Schrift von 5:3:1 zugrunde gelegt.

Große Längenunterschiedlichkeit	Kleine Längenunterschiedlichkeit
Abbildung 50	*Abbildung 51*
Beschreibung: Ober- und Unterlängen sind im Verhältnis zu den Kurzlängen groß	Beschreibung: Ober- und Unterlängen sind im Verhältnis zu den Kurzlängen klein
Interpretationshinweise	Interpretationshinweise
Betontes Selbstgefühl Große Selbstschätzung Unternehmensgeist	Zufriedenheit Bescheidenheit Sachinteresse
Ehrgeiz Unzufriedenheit Zwiespältigkeit	Gleichgültigkeit Selbstgefälligkeit Teilnahmslosigkeit

Für die Merkmalsauswahl ist auch hier wieder der Verteilungsrhythmus ausschlaggebend. Im allgemeinen drückt sich die Strebsamkeit im großen Längenunterschied aus.

Gliederungsmerkmale

In der Gliederung eines Schriftsatzes spiegelt sich das optische Gleichgewicht einer Seite. Es ist gekennzeichnet durch die Unterbrechungen im Bewegungsablauf, also durch die Wort- und Zeilenabstände, die neben der Behandlung der Ränder das Gesamtbild bestimmen. Dabei sollen die Setzung der Oberzeichen und die Ausführung von Anfangs- und Endzügen nicht außer acht gelassen werden.

Wortabstände

Weite Wortabstände   Enge Wortabstände

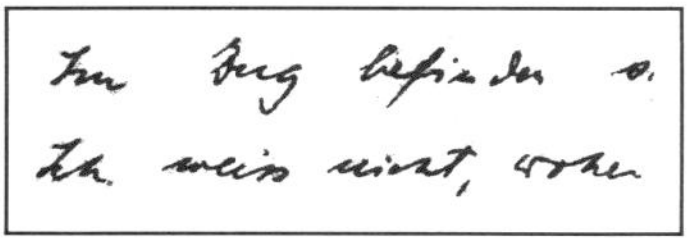

Abbildung 52   *Abbildung 53*

Interpretationshinweise   Interpretationshinweise

Distanziertheit	Kontaktfähigkeit
Übersicht	Geselligkeit
Reflexion	Subjektivität
Besinnung	Anschauung
Kontaktschwäche	Zudringlichkeit
Untätigkeit	Gedankenlosigkeit
Denkschwäche	Urteilsschwäche

In den Wort- und Zeilenabständen erscheinen Aspekte der äußeren Umweltanpassung. Im einzelnen wird man bei Abbildung 52 aufgrund des guten Verteilungsrhythmus mit Hilfe der oberen Merkmale der Tabelle deuten, während man bei Abbildung 53 auf die untere Hälfte verwiesen wird.

Zeilenabstände

Große Zeilenabstände	Kleine Zeilenabstände
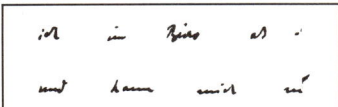	

Abbildung 54 · *Abbildung 55*

Interpretationshinweise	Interpretationshinweise
Zurückhaltung Begriffliches Denken	Anschauliches Denken
Problematische Natur Eigenwilligkeit	Aufdringlichkeit Hysterie Rücksichtslosigkeit

Bei Abbildung 54 ist ein positiver Verteilungsrhythmus feststellbar, weshalb die oberen Merkmale der Tabelle in Frage kommen. Bei der Abbildung 55 ist es genau umgekehrt: der negative Rhythmus entspricht der unteren Merkmalsgruppe.

Randbehandlung

Den Rahmen eines Schriftbildes bilden die Ränder. Sie sind die Begrenzung eines Schriftsatzes. Weil das Wechselverhältnis zwischen Raumaussparung und Raumausfüllung genauso individuell gestaltet wird wie das gesamte Schriftbild, hat es auch Deutungswert. Da dieser aber auch weitgehend abhängig ist von Gewohnheit und Mode, sollte man bei einer Deutung Vorsicht walten lassen. Jedenfalls ist die Randbehandlung Spiegelbild der äußeren Umweltanpassung, wobei das Grenzerlebnis des Rechtsrandes bessere Deutungsansätze bietet als die Ausführung und Gestaltung des Linksrandes. Im folgenden sollen daher nur einige Grundbedeutungen, die gesichert sind, aufgeführt werden. (Abbildung dazu siehe Seite 60.)

Abbildung	Beschreibung	Interpretations-hinweise
	allseitiger regel-mäßiger Rand	Selbstdisziplin Anpassungsfähigkeit
	unregelmäßiger Linksrand	unkonventionelle Einstellung
	breiter werdender Linksrand	Vorsicht (wachsend) Besonnenheit
	breiter Linksrand	Förmlichkeit konventionell
	schmaler werdender Linksrand	Vorsicht Mißtrauen
	schmaler Linksrand	Sparsamkeit Vorsicht
	unregelmäßiger Rechtsrand	mangelnde Voraus-sicht
	breiter werdender Rechtsrand	Distanziertheit (wachsend)
	breiter Rechtsrand	Kontaktlosigkeit Ängstlichkeit
	schmaler werdender Rechtsrand	Kontaktfreude (wachsend)
	schmaler Rechts-rand	Umweltverbunden-heit Mitteilungsfreude

Zeilenbehandlung

Auch die Art, wie die Zeilen verlaufen, ob gerade oder zum Beispiel fallend oder steigend, gibt Aufschluß über bestimmte Merkmale. (Das gilt natürlich nur, wenn auf unliniertem Papier geschrieben wurde.)

Abbildung	Beschreibung	Interpretations-hinweise
	gerade Zeile	Zielbezogenheit Beständigkeit
	steigende Zeile	Gehobenheit Optimismus
	fallende Zeile	Bedrückung Verstimmtheit
	schwankende Zeile	Stimmungswechsel mangelnde Festigkeit
	gewölbte Zeile	erlahmender Eifer Anfangselan
	dachziegelförmig steigende Zeile	steigendes Bemühen
	dachziegelförmig fallende Zeile	ankämpfen gegen Depressionen

Oberzeichen

Zu den Oberzeichen zählt man die *i*-Punkte, die *u*-Häubchen, die Umlautzeichen *ä, ö, ü* und die Akzente in fremdsprachigen Wörtern. Zu beachten ist Sitz, Aussehen und Eingebundenheit.

Abbildung	Beschreibung	Interpretationshinweise
im	Oberzeichen genau gesetzt	Genauigkeit Gründlichkeit
läut	Oberzeichen zurückgesetzt	Vorsicht
hinten	Oberzeichen vorauseilend	Betriebsamkeit Lebhaftigkeit
würdig	Oberzeichen nach Höhe und Form wechselnd	Vielseitigkeit Ungründlichkeit
meine	Oberzeichen hoch und schwer	Streben Energie
mein	Oberzeichen hoch und leicht	Begeisterungsfähigkeit Unbeherrschtheit
ünten	Oberzeichen tief und schwer	Realist Materialist
mit	Oberzeichen tief und leicht	Sensibilität Empfindlichkeit
ihm	Oberzeichen eingebunden	Kombinationsgabe Gewandtheit
änerhört	Oberzeichen in Kuppel- statt in Schalenform	Verdeckung Verhaltenheit

Besonderheiten und Einzelformen

Von *Ludwig Klages* ist bekannt, daß er ein entschiedener Gegner der Deutung von Einzelmerkmalen war. Er lehnte die »Zeichendeuterei« der französischen Schule ab. So wurde es Allgemeingut in der deutschen Graphologie, daß Ganzheitsmerkmale am Anfang jeder wissenschaftlichen Schriftanalyse stehen. Aber heute weiß man, daß der Einfluß von leitbildlichen Tendenzen auf die Formung von Einzelbuchstaben sehr bedeutsam ist und daß die Beachtung der Besonderheiten zu einer Bereicherung des graphologischen Wissens beitragen kann. Das wird aber nur dann richtig und verantwortbar geschehen, wenn die Deutung von Einzelmerkmalen mit dem Gesamtbild der Allgemeinmerkmale zu vereinbaren ist. Jedes sogenannte »feste Zeichen« aus dem Erfahrungsschatz der Graphologie kann also nur in Abhängigkeit vom Gesamteindruck einer Schrift gedeutet werden und verbietet einen lexikonartigen Gebrauch.

Auf den vorhergehenden Seiten über die Raumverteilungsmerkmale wurde bereits auf die große Verschiedenheit bei der Oberzeichensetzung hingewiesen. Ganz ähnlich verhält es sich mit der Gestaltung der verschiedenen *t*-Striche, die sich, je nach Geschmack, von der Schulnorm völlig abheben können. Gerade hier hat der Schreiber die Freiheit, seine Feder in jeder beliebigen Richtung zu bewegen und dem Graphologen damit ein wichtiges Ausdrucksmittel von selbständiger Bedeutung zu geben. Das gleiche trifft auch auf die Links- und Rechtsläufigkeiten der Schriftbewegungen zu, die sich natürlich auch in der Gestaltung von vielen Einzelbuchstaben niederschlagen werden. Und nicht zuletzt verdient die Gestaltung der ovalen Groß- und Kleinbuchstaben, die aus mittelpunktstrebigen Kreisbewegungen entstehen und symbolisch auf ein Drehen um das eigene Ich hinweisen, besondere Beachtung. Sie werden im nachfolgenden graphologischen Alphabet aufgeführt.

Zuvor sollte man sich auch daran erinnern, daß jede persönliche Handschrift das Ergebnis einer Entwicklung der Schrift ist, die einmal mit der erlernten Schulnorm begann. Deshalb sollte man die Normen der letzten Jahre vor Augen haben, um die individuellen Aus- und Umformungen richtig beurteilen zu können.

Normschriften

Deutsche Normalschrift

A B C D E F G H I J

K L M N O P Q R S

T U V W X Y Z

Ä Ö Ü

a b c d e f g h i j k l

m n o p q r s ß t u v

w x y z ä ö ü (. , ; : „ " - ? !)

1 2 3 4 5 6 7 8 9 0

Sütterlinschriftnormen

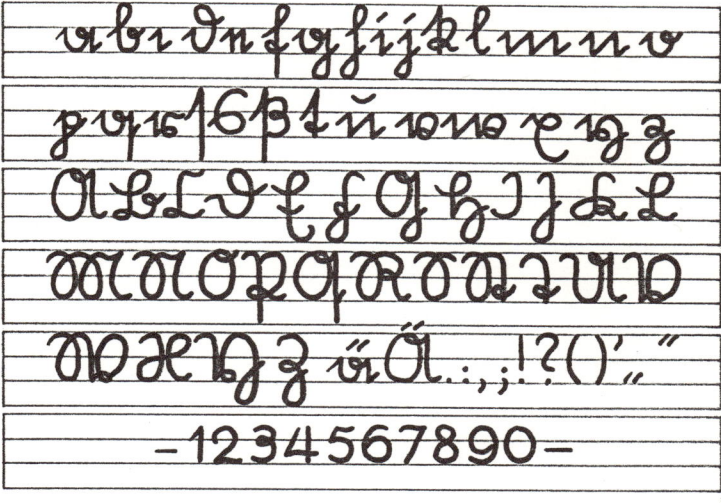

Graphologisches Alpabet

Die folgenden typischen Beispiele von Veränderungen der Buchstabenformen des lateinischen Alphabets wurden durch Beobachtung gewonnen und dürfen nicht im Sinne starr fixierter Bedeutungen aufgefaßt werden. Weil jeder Mensch anders schreibt, kann eine spezielle Ausdeutung nur im Zuge einer Gesamtanalyse aus dem Gesamtbild der Schrift erfolgen. Wir führen daher auch nur die hauptsächlichsten Typen aus der Französischen Schule an.

Buchstabe	Merkmal	Bedeutung
Cl	eingerollt	selbstgefällig, verschlossen, phantasievoll
A	Strichdreieck	eigenwillig, heftig, durchsetzungsfähig
A	breite Schleife	stolz, egoistisch
A	vereinfacht, Druckform	gebildet, rechtschaffen
a	eng geknüpft	verschlossen, zurückhaltend
cl	breit, offen	gesprächig, unzuverlässig

Buchstabe	Merkmal	Bedeutung
a	eingerollt	eitel, verschwiegen
a	linksläufig, oval	egoistisch, unzuverlässig
B	vereinfacht, Druckform	gebildet, rechtschaffen
B	zweiter Bogen nach links aufgebauscht	wichtigtuerisch, eitel
B	oberer Bogen aufgebauscht	vorsichtig, ängstlich
ß	verengte Bögen	schüchtern, zurückhaltend
b	eingerollt	egoistisch, habgierig
b	ovale Schleifenform	konventionell, verbergend

Buchstabe	Merkmal	Bedeutung
	oben und unten zugespitzt	kaltherzig, hart
	ohne Schleife	intelligent, sachlich
	vereinfacht	intelligent, realistisch
	eingerollt	berechnend, verschlagen
	linksläufiger Deckzug	hinterhältig, egoistisch
	Oberzug als unauffällige Hakengirlande	gütig, aufrichtig
	vereinfacht, Druckform	intelligent, vernünftig
	überbetonte Keulenzüge	rücksichtslos, gewöhnlich

Buchstabe	Merkmal	Bedeutung
δ	eckenlose griechische Form	gebildet, lebhaft
	rechtsläufige D-Schleife	logisch, unabhängig, zukunftsorientiert
	Greifzug	egoistisch, habgierig
ε	zwei Halbkreise	realistisch, Beobachtungsgabe
E	vereinfacht, Druckform	intelligent, sachlich
	verlängerter Anfangsstrich	ehrgeizig, geschäftig, wichtigtuerisch
	gerollte Spitze	heimtückisch, Heimlichtuer
	erweiterter Kopf	durchsetzungsfähig, zukunftsorientiert

Buchstabe	Merkmal	Bedeutung
e	girlandenartig	liebt Routine-arbeiten, gedankenlos
l	kleine ausgefüllte Schlinge	sinnlich, kleinmütig
F	langer Oberstrich	neigt zu Bevormundung, Protektionslust
F	Linksschleife	vorsichtig, reserviert, konservativ
F	Wellenlinien	verbindlich, humorvolll
f	S-förmig	ängstlich, entmutigt, verträumt
f	geknotet mit Schleife	stolz, Familiensinn
f	geknotet ohne Schleife	zäh, gründlich

Buchstabe	Merkmal	Bedeutung
	Gleisdreieck	abwehrend, unnachgiebig
	vereinfacht	genügsam, sachlich
	Greifzüge	habgierig, geschäftstüchtig
	linkszügige Fußschleife	egozentrisch, verantwortungslos
	spitzwinkliger Haken	eigensinnig, trotzig
	rechtszügig vereinfacht	intelligent, urteilsfähig
	eckige Basis	hart, realistisch, vorwärtsdrängend
	aufgebauschte Schleife	materialistisch, Sexualphantasien

Buchstabe	Merkmal	Bedeutung
	nach links durchgebogene Unterschleife	Minderwertigkeits-komplexe, sexuelle Schwierigkeiten
	dreieckige Unterschleife	eitel, kokett
	vereinfacht, Druckform, Abstrichentfernung mittel	gebildet, kritisch, rechtschaffen
	dasselbe mit enger Abstrichentfernung	zurückhaltend, unsicher
	Querbalken und Dreieck	eigensinnig, realistisch, rechthaberisch
	arkadische Kuppeln	aufgeblasen, Verdeckung
	spitzwinklige Kuppelansätze	hart, belastbar
	Ecken verstümmelt	labil, oberflächlich

Buchstabe	Merkmal	Bedeutung
	nach unten offene Kralle	egoistisch, bösartig
	Kuppel kleiner als Mittelzone	willensschwach, unbeständig
	vereinfacht, Druckform	sachlich, kritisch
	Greifzüge	habsüchtig, egoistisch
	linksläufige Arkade	verantwortungslos, geschäftstüchtig
	I-Punkt fehlt	schlampig, ungenau, faul
	I-Punkt kreisförmig und groß	exzentrisch, modeabhängig, eitel
	I-Punkt ist arkadische Überdachung	Heimlichkeiten, diplomatisches Verhalten

Buchstabe	Merkmal	Bedeutung
i	I-Punkt in Kommaform	prinzipientreu, überkritisch
im	I-Punkt ist eingebunden	kombinationsfähig, logisch, wissenschaftliche Begabung
K	vereinfacht, Druckform	literarische Interessen, sachlich
K	zersplittert	einfallsreich, sprunghaft
K	verknotet	beharrlich, ausdauernd
B	arkadisch	formell, höflich, zurückhaltend
R	querbetonte Balken	gewaltsam, heftig, jähzornig
e	zwei Girlanden	einsichtsvoll, kollegial

Buchstabe	Merkmal	Bedeutung
	Schlinge auf der Zeile	dienstbereit, gehorsam
	ästhetische Kurven	idealistisch, phantasievoll
	vereinfacht, Druckform	klug, lesefreudig
	breiter Schleifenkopf	unpraktisch, Theoretiker, phantasievoll
	linke Basiskurve	anspruchsvoll, liebt Posen
	Einleitungshaken	geschäftstüchtig, illusionslos
	strichförmig	analytisches Denkvermögen
	oben und unten spitzwinklig	rechthaberisch, schwieriger Charakter

Buchstabe	Merkmal	Bedeutung
	Girlandenendzug	fröhlich, jovial
	gebrochener Abwärtszug	berührungsscheu, verschüchtert
	vereinfacht, Druckform	nüchtern, kultiviert
	ansteigender zweiter Strich	abhängig von Anerkennung, unterordnungsbereit
	abfallender zweiter Strich	herablassend, hochmütig, fühlt sich überlegen
	kleiner zweiter Zug	unzufrieden, höflich
	Girlandenform	wohlwollend, gütig
	Arkadenform	undurchsichtig, diplomatisch, verdeckt

Buchstabe	Merkmal	Bedeutung
MM (gestützte Deckzüge)	gestützte Deckzüge	unaufrichtig, verbergend
m	letzter Zug verkleinert	kontaktscheu, befangen

Für den Buchstaben N gelten die gleichen
Merkmale und Bedeutungen wie für M.

Buchstabe	Merkmal	Bedeutung
O	geschlossenes Oval	verschlossen, sachlich
O	eingerollte Form	egoistisch, undurchsichtig, besitzgierig
O	gebaucht, breitspurig	protzig, phantasievoll, macht sich Illusionen
O	Basiskurve	wohlwollend
O	oben geöffnet	indiskret, gesprächig, ehrlich

Buchstabe	Merkmal	Bedeutung
	schräg-oval	unredlich, hinterhältig
	große Hakenschleife	fleißig, umständlich
	Umkehrzug	unzuverlässig, betrügerisch
	vereinfacht, Druckform	gebildet, vernünftig, hat Geschmack
	vergrößerte Rechtsschleife	generös, neigt zu Bevormundung
	Kopf in Pilsform	intrigant, verbergend
	klare Verbindung von Fuß–Kopf	logisch, kombinationsfähig
	verlängerter linkszügiger Bogen	egozentrisch, Erwerbsstreben

Buchstabe	Merkmal	Bedeutung
	vertikal nach oben verlängert	unternehmungslustig, manuelle Geschicklichkeit
	gegabelter Grundstrich	geschwätzig, bedürfnislos
	eingerollter Punkt	materialistisch
	Fußschleife unverbunden	vorsichtig, gehemmt
	Fußschleife unter der Linie verbunden	anmaßend, selbstgefällig
	vereinfacht bis zur Grundform	vernünftig, gebildet
	im Oberteil große Rollung	lebensuntüchtig, neigt zu Übertreibungen
	vereinfacht, Druckform	belesen, vernünftig

Buchstabe	Merkmal	Bedeutung
R	nach rechts-oben aufgebauschte Schleife	Schlösser im Mond, phantasievoll
re	Doppelschleifen	eitel, neigt zu Vorurteilen
r	zur Arkade verundeutlicht	undurchdringlich, verdeckt
S	einfache Schlangenlinie	gebildet, hat Geschmack
S	Einleitungsgirlande	entgegenkommend, offenherzig
S	arkadenartige Fußschleife	gehemmt, hat Komplexe
S	Fußschleife winklig mit Haken	eigensinnig, rechthaberisch
S	Schleife berührt Aufstrich	verschlossen

Buchstabe	Merkmal	Bedeutung
	Schleife eingerollt	selbstgefällig
	Abstrich linksschräg	eifersüchtig, Querulant
	Aufstrich wird zum Deckstrich	unglaubwürdig, scheinheilig
	Doppelkurve	künstlerisch begabt
	breite Form	übertrieben phantasievoll, gefallsüchtig
	enge Form	ängstlich, zurückgezogen, weltfremd
	bürgerliche Form	einfach, lebenstüchtig, vernünftig
	vereinfacht, Druckform	gebildet, klug

Buchstabe	Merkmal	Bedeutung
$\mathcal{Y}$	Abstrich mit Kopfzug verbunden	selbständig, lebenstüchtig
$\mathcal{J}$	Fußlinie weist hin auf Kopflinie	intelligent, logisch
$\mathcal{J}$	Kopflinie schwingt nach rechts aus	zukunftsfroh, unbesonnen
t	verlängerter Protektionszug nach rechts	strebt nach Dominanz, autoritär, beschützend
t	T-Strich fliegt davon	untermehmenslustig, schnelles Denken
t	T-Strich nach links gezogen	verhaftet in der Vergangenheit, Lebensangst, strebt nach Sicherheit
t	T-Strich nach rechts gezogen	optimistisch, draufgängerisch
$\bar{\mathcal{t}}$	T-Strich fliegt über dem Buchstaben	Theoretiker, Besserwisser

Buchstabe	Merkmal	Bedeutung
t	T-Strich zu kurz	kontaktscheu, einsam
A	T-Strich zu tief	demütig, gedrückt
λ	T-Strich abwärts	entmutigt, unlustig
τ	T-Strich verdickt, steigend	unternehmungs- lustig, geltungsbedürftig
π	T-Strich keulen- förmig spitz	spöttisch, böswillig
$\mathcal{A}$	T-Strich geschwungen	humorvoll, Spaßvogel
$\mathcal{L}$	T-Strich fehlt	indifferent, nachlässig
$\mathcal{U}$	klare Einleitungs- kurve	höflich, ehrlich

Buchstabe	Merkmal	Bedeutung
U	eckige Kurven	Streber, gefühllos
ŭ	schalenförmiger U-Bogen	offen, aufrichtig
ũ	U-Bogen in Links-rollung vergrößert	schlagfertig, Wichtigtuer, habsüchtig
ǔ	U-Haken eckig	korrekt, hart
ŭnd	Unterbrechung nach dem u zur Hakensetzung	gewissenhaft, pedantisch
und	U-Haken eingebunden	Kombinationsgabe, spitzfindig
û	U-Bogen als Deckzug	berechnend, hinterhältig
V	vereinfacht, spitzwinklig	tüchtig, verläßlich

Buchstabe	Merkmal	Bedeutung
$\mathcal{V}$	Protektionszug	beschützend
$\mathcal{F}$	Bereicherungen und Verzierungen	Wichtigtuer, scheinfreundlich
$v'on$	eckig, vereinfacht, unverbunden mit dem Rest des Wortes	geschäftstüchtig, wach
von	eckig, vereinfacht, verbunden	rechthaberisch, Besserwisser
$\mathcal{W}$	Arkadenform	phantasievoll, heuchlerisch
ω	Girlandenform	gutmütig, kontaktfreudig
$\mathcal{W}$	erster Strich stemmt nach unten	rücksichtslos, durchsetzungswillig
$\mathcal{W}$	arkadischer Mittelzug	vorsichtig, heimlich, ängstlich

Buchstabe	Merkmal	Bedeutung
	Schlangenzug	konzessionsbereit, unberechenbar
	Winkelzüge	berechnend, bösartig
	eckige Züge	willensstark, tüchtig
	füssige Alltagsform	kontaktfroh, rührig, offen
	Balken ohne Mittelverbindung	geschwätzig, unaufmerksam
	Kopfschleifen-Verbindung	Organisationstalent
	Querbalken nach unten	querköpfig, unhöflich
	alleinstehend, vereinfacht	klarer Kopf, vernünftig

Buchstabe	Merkmal	Bedeutung
$\mathcal{H}$	erster Zug größer	selbstsicher
$\mathcal{H}$	zweiter Zug größer	unsicher, braucht Anerkennung
$\mathcal{Y}$	vereinfacht, Druckform	intelligent, verläßlich
$\mathcal{Y}$	wie J geschrieben	anpassungsfähig, gewandt
$\mathcal{Y}$	Unterlänge nach links aufgebauscht	materialistisch, stolz
$\mathcal{Y}$	aufwärts gezogener zweiter Strich	künstlerisch, begabt, aufgeschlossen
$\mathcal{Y}$	offene Schlußkurve	generös, gütig
$\mathcal{Y}$	mit Mittelschleife	unpraktisch, beeinflußbar

Buchstabe	Merkmal	Bedeutung
y (oben gerundet)	oben gerundet	zweiflerisch, verdeckt
y	betonter, dicker Querstrich	skeptisch, überkritisch
Z	vereinfacht, Druckform	gebildet, intellektuell
Zeit	betonte Unter-längen-Schleife, Gleisdreieck	überkritisch, konsequent, zynisch
z	betonte Basiskurve	romantisch, urteilsschwach
zu	gegenzügige Bindung	diplomatisch, verschlagen
zu	ohne Bindung künst-lerisch vereinfacht	gebildet

Beispielanalysen

*I*m nächsten Abschnitt sollen nun zwei Schriftproben analysiert werden. Dabei geht es nicht um die Erstellung von Mustergutachten, sondern um die Demonstration der schrittweisen Annäherung an eine Handschrift und die daraus zu gewinnenden Einblicke in das charakterliche Gesamtgefüge des Schrifturhebers.

Es soll dem Leser ermöglicht werden, den Deutungsweg mitzuverfolgen und das zu gewinnende Charakterbild unter Auswertung der Merkmaltabellen selbst mitzugestalten.

Die Rahmenbedingungen

Vor jeder Schriftanalyse ist zu überprüfen, ob das Schriftstück unter normalen Schreibbedingungen zustande gekommen ist. Eigens für eine Analyse geschriebene Texte sind auszuschließen, ebenso Abschriften oder Bewerbungsschreiben, weil hier charakteristische Eigentümlichkeiten der natürlichen Handschrift zumeist durch bewußtes »Schönschreiben« verdeckt werden. Alter, Geschlecht und Beruf des Schreibers sollten auch bekannt sein. Diese Bestimmungen sind nämlich graphologisch nicht vorzunehmen, weil alle Menschen geschlechtsunspezifische Eigenschaften besitzen und weil ihre Entwicklung nicht an Kalenderdaten gebunden ist. Gibt es doch zum Beispiel Frauenhandschriften mit männlichen Zügen und Altersschriften, die wie Schriften Jugendlicher aussehen.

Dasselbe gilt auch umgekehrt: Zitterzüge in der Handschrift eines Dreißigjährigen sind anders zu bewerten als die eines Sechzigjährigen. Seelische Reife und physisches Alter stimmen nämlich oft nicht überein.

Um Abweichungen von der Norm richtig einschätzen zu können, ist es auch erforderlich, daß dem Graphologen Angaben über Bildungsstand und Beruf gegeben werden. Nur dann ist es ihm möglich, die Schulmäßigkeit in der Schrift eines schreibgewandten Lehrers nicht zu überschätzen und andererseits die schwerfälligen

Schriftzüge eines wenig geübten Praktikers nicht unterzubewerten. Gerade bei nicht schreibungewandten Personen ist die Schriftauswertung zumeist schwieriger als bei Leuten, die auch von Berufs wegen viel selbst schreiben, wie das bei den meisten geistigen Berufen der Fall ist.

Erste Beispielanalyse

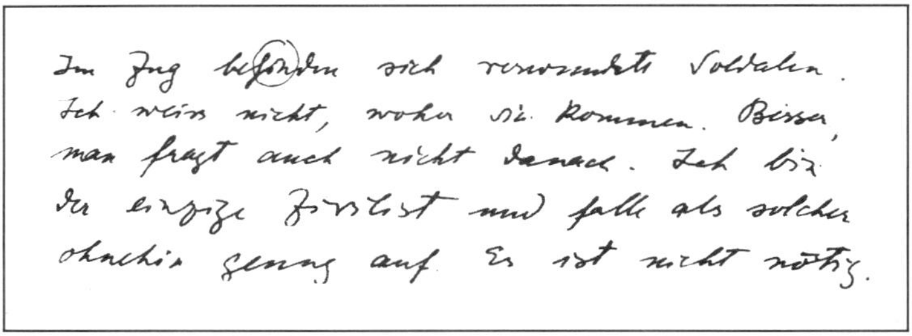

Abbildung 56

Bei unserem ersten Beispiel handelt es sich um die Schriftprobe eines 42jährigen Akademikers.

Bevor wir in die eigentliche Betrachtung eintreten, erinnern wir uns an die These von *Ludwig Klages:* »Man muß das Ganze haben, ehe man mit Erfolg die Teile erforschen kann.«

Ohne die Resonanz, die ein besonderer Schriftrhythmus im Betrachter hervorruft, wird es kaum möglich sein, zum Kern eines fremden Schrifteigners vorzudringen. Erst danach können die Merkmaltabellen herangezogen werden. So sind es letztlich persönliche Gefühlsentscheide, die den Ausschlag geben, wenn es darum geht, eine Fülle von Einzelbefunden zu einem Charakterbild zusammenzufügen.

Beschreiben des Eindruckscharakters und Ermittlung der rhythmischen Befunde

In unserem Beispiel fällt ein geordnetes, von Störungen fast freies *Bewegungsbild* ins Auge. Der Schriftablauf ist flott, die Steuerung gehalten, aber nicht gestört.

Auch das *Formbild* ist übersichtlich, klar und geprägt von einer schlichten Gewandtheit mit gelungenen Buchstabenverbindungen. Diese lassen eine gewisse Abhebung von allgemeingültigen Schablonen erkennen und sind alle von der zügigen Bewegung getragen. Über das *Raumbild* läßt sich weniger sagen, weil der Schriftausschnitt knapp gehalten ist. Aber immerhin noch so viel, daß man von einer übersichtlichen und geordneten Schriftverteilung sprechen kann. Man erkennt also zusammenfassend drei rhythmische Rahmenbefunde, die alle positiv ausfallen, was für die Auswertung der Einzelmerkmale von großer Bedeutung ist.

Nach der Tabelle der *Stammbegriffe* kommen für unsere Schriftprobe folgende Deutungen zum Tragen:

1. Für den geistigen Komplex, der mit den Eindruckscharakteren »übersichtlich«, »geordnet« und »gesteuert« am stärksten hervortritt, dürfen wir auf gute Verstandesbegabung und Einordnungsfähigkeit schließen,

2. für den seelischen Komplex (»gelöst« und »ausdrucksvoll«) auf sinnenhafte Ansprechkarkeit und Stilbedürfnis und

3. für den leiblichen Komplex (»natürlich und zügig«) auf Antriebslebhaftigkeit und vitale Belastbarkeit.

Mit diesen Befunden haben wir bereits wichtige Anhaltspunkte für die charakterliche Gesamtstruktur des Schreibers gefunden. Sie signalisieren uns, daß es sich um eine ausgeglichene und gebildete Persönlichkeit handelt, die nach der geistigen Seite hin akzentuiert ist.

Auswertung der einzelnen Schriftmerkmale

Durch genaue Beobachtung lassen sich im nächsten Schritt die einzelnen Allgemeinmerkmale ermitteln. Dabei fallen folgende Merkmale sofort ins Auge, die in der Fachsprache *»Dominanten«* genannt werden:

Rechtsschräglage

Die außerordentliche Gleichmäßigkeit der mäßigen *Rechtsschräglage* ist hervorzuheben, weil sie auf zielgerichtete Willenssteuerung zurückgeht. Zügige Bewegung plus Willenssteuerung lassen auf Gefühlsoffenheit, Ansprechbarkeit und Verbindlichkeit schließen.

Klare Wort- und Zeilenabstände

Die *klaren Wort- und Zeilenabstände* zeigen begriffliches Denkvermögen an und deuten auf Zurückhaltung und Distanz im Umgangsverhalten hin.

Regelmäßigkeit

Der gleichbleibende Neigungswinkel, die allgemeine Formfestigkeit und die geringen Größe- und Lageschwankungen erwecken den Eindruck lebendiger *Regelmäßigkeit* und lassen auf charakterliche Stabilität und Verläßlichkeit schließen.

Verbundenheit

Die Gewandtheit des Schreibers zeigt sich bei der Verknüpfung der einzelnen Schriftelemente. Die Einbindung des *i* unterstreicht den *großen Verbundenheitsgrad* und weist in ihrer positiven Gestaltungstendenz auf logisches Denkvermögen, Kombinationsgabe und wissenschaftliche Leistungsfähigkeit hin.

Neben diesen dominanten Merkmalen bleiben noch die folgenden *Allgemeinmerkmale* zu registrieren:

Schreibeile

Die nach- und vorverbundenen Oberzeichen weisen auf eine flotte, *eilige Schriftführung* hin. Die hierdurch bedingten Abschleifungen bei *g* und *h* unterstreichen diesen Befund, der nur durch die Gestaltungstendenzen und die Enge der Buchstaben eine Einschränkung erfährt. Wir schließen auf Lebhaftigkeit und Tätigkeitsdrang.

Schreibdruck

Die *Druckstärke* schwingt überwiegend rhythmisch auf und ab, die Ungleichmäßigkeiten halten sich in Grenzen (Schluß beim *t*). Hier setzen wir laut Tabelle Spannkraft und Entschlossenheit ein.

Teigigkeit

Daß der Strich nicht scharf und auch nicht blaß genannt werden kann, sondern weich, dürfte auch in der Photokopie noch erkentlich sein. Man findet kaum Unterschiede zwischen Auf- und Abstrichen und kann deshalb von einer *teigigen* Schrift sprechen. Der Schrifteigner denkt anschaulich und ist sinnlich ansprechbar. Hinzu kommen noch Erlebnisfähigkeit und Vitalität.

Kleinheit

Man nennt eine Schrift *klein,* wenn die mittlere Grundstrichlänge kleiner ist als 3 mm, was hier der Fall ist. Man muß deshalb auf Wirklichkeitssinn und Besonnenheit schließen.

Enge

Mit *Enge* bezeichnen wir die Buchstabengestaltung, bei der die Höhe der Grundstriche größer ist als deren Entfernung voneinander. Nach der Tabelle von Seite 45 wäre hier einzusetzen: Selbstbeherrschung, ethische Tendenzen und Konzentration.

Winkel

Es liegt unverkennbar ein *reiner Winkel* als Bindungsform vor, der lebendig und kräftig seine enge Beziehung zum Bewegungsablauf dokumentiert. So schließen wir auf Tatkraft, Entschiedenheit und Standhaftigkeit.

Vereinfachung

Die *Vereinfachungen,* wie sie bei der Gestaltung des *g, h, e, t* zum Ausdruck kommen, beweisen, daß der Schreiber in der Lage ist, sich an den Hauptsachen zu orientieren. Darüber hinaus verraten die klar koordinierten Wortkörper die Fähigkeit, sich deutlich auszudrücken und Wesentliches zu formulieren. Es mangelt dem Schreiber nicht an Nüchternheit und Verstandesstärke.

Einzelheiten und Besonderheiten

Zunächst sind hier die genau gesetzten *Oberzeichen* zu erwähnen, die zumeist mit den übrigen Buchstaben vor- oder nachverbunden sind *(befinden, bin).* Sie stehen für Denkgeübtheit, Kombinationsfähigkeit und Diplomatie.

Hinzu kommen die nach rechts unten verlaufenden *Endstriche* bei *n* und *h,* die zaghaft vortasten und kurz abbrechen. Sie können nur symbolisch gedeutet werden. Von links nach rechts verläuft der Weg von der Vergangenheit zur Zukunft, von Ich zum Du. So kann man in diesem Befund einen Ausdruck vorsichtiger, feinfühliger Kontaktaufnahme sehen, der mit den weiten Wort- und Zeilenabständen gut zusammenpaßt.

Und zum dritten fallen die verlängerten, hohen *t-Striche* auf, die eine dominierende Besonderheit dieser Schriftprobe darstellen. Sie lassen auf autoritative Beredsamkeit schließen. Der Schrifturheber ist von seinen Aussagen sehr überzeugt und zeigt dies auch nach außen.

Das Charakterbild

Obwohl uns die Tabellen alle Eigenschaften nennen, die dem graphischen Tatbestand der Schriftprobe entsprechen, haben wir doch bei jedem einzelnen Befund abzuwägen, ob wir ihn anwenden können. Hier bedarf es einiger Erfahrung, um die Einzelbefunde zu einem Charakterbild zusammenzufügen. Wir wollen es für unser Schriftbeispiel in kurzer Form versuchen:

Gutachten
Es handelt sich um einen intelligenten Schreiber mit klarer Auffassungsgabe und geistiger Lebendigkeit. Er kann geistige Sachverhalte verknüpfen und Ideenverbindungen herstellen (Verbundenheit, *i*-Einbindungen).
Tempo und Rechtsschrägheit lassen auf eine beachtliche, jedoch gezügelte Initiative schließen, die sich nicht überstürzt und immer zielgerichtet ist. Die Lebendigkeit des Ablaufs weist auf allgemeine Aufgeschlossenheit gegenüber äußeren Eindrücken und Gefühlslebhaftigkeit hin. Man kann erwarten, daß der Schreiber sowohl wissenschaftlich als auch wirtschaftlich-kaufmännisch zu arbeiten versteht. Er kann planen und organisieren, ohne die Detailarbeit zu vernachlässigen (genau gesetzte *i*-Punkte).
In seiner Lebenseinstellung rechnet er nüchtern mit den Realitäten. Er überläßt sich nicht Wunschträumen und Phantasien, dazu ist er zu sachlich.
Rein menschlich finden wir Bescheidenheit, Natürlichkeit und Wärme. Der Schreiber vermeidet im Umgangsverhalten jede Großsprecherei und Anmaßung.
Die distanzierenden Wortabstände unterstreichen seine guten Manieren und seine Zurückhaltung im zwischenmenschlichen Bereich. Aus der Teigigkeit können wir entnehmen, daß der Schreiber nicht ungesellig ist, weshalb wir den kurzen Endzügen nur bedingte Wertigkeit einräumen dürfen. Diese verweisen auf rücksichtsvolle Zügelung und gute Selbstbeherrschung. Im ganzen weiß sich der Schreiber gut einzuordnen. An seiner Verläßlichkeit besteht kein Zweifel.

Tabellarische Übersicht

Zur besseren Übersicht seien abschließend nochmals die wichtigsten Befunde in umgekehrter Reihenfolge tabellarisch angeführt, das heißt, wir fragen zurück: Welche Schriftmerkmale entsprechen den ermittelten Charaktereigenschaften?

Charaktereigenschaft	Schriftmerkmale
Intelligenz	Anordnung Gliederung Abstände Tempo Verbundenheit Formgestaltung
Gedächtnis	Verbundenheit
Aktivität	Rechtsschrägheit Tempo
Organisation	Gliederung Abstände
Genauigkeit	i-Punkte Buchstabenformen
Ausdrucksfähigkeit	Koordination der Wortkörper
Gute Ideenverbindung	Einbindung der i-Punkte
Sinnlichkeit	Teigigkeit
Anpassung	Verbundenheit verschiedene Bindungsformen
Bescheidenheit	Unbetontheit Normalgrößen
Zurückhaltung	Enge Wortenden
Verläßlichkeit	rhythmische Klarheit genaue Buchstabensetzung

Zweite Beispielanalyse

Im Unterschied zu diesem ausführlichen Deutungsbeispiel soll nun ein zweites Beispiel folgen, bei dem die Betonung auf einer kurzen, globalen Erfassung der wesentlichen Schriftmerkmale liegen wird. Hierzu gilt es, die dominierenden Struktureigenschaften einer Schriftprobe zu erkennen und in Kurzform charakterologisch auszuwerten.

Ohne besondere psychologische Überlegungen wollen wir versuchen, von den Eindruckscharakteren als den bestimmenden Erscheinungseinheiten direkt zum Kern des Schreibers vorzudringen. Wenn es gelingt, dann ist es auch möglich, von der zentralen Motivation auf Folgeeigenschaften der Haltung und Eignung zu schließen.

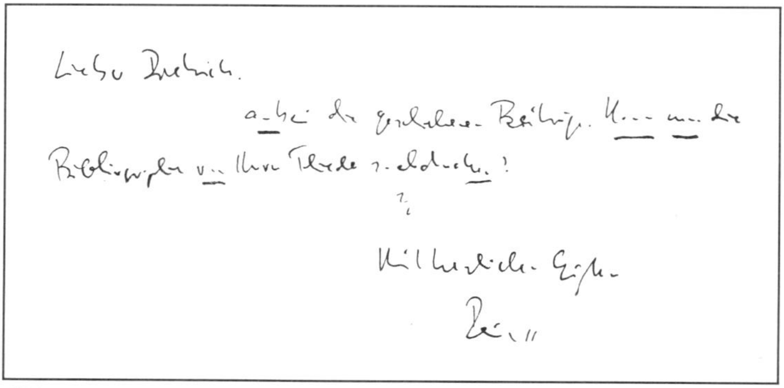

Abbildung 57

Kurzgutachten

Die Schriftprobe stammt von einem 49jährigen Mann.
Auf den ersten Blick handelt es sich um eine aus dem Rahmen fallende Schrift, zu der man zunächst keinen Zugang findet.
Wenn man die Schrift dann aber länger auf sich wirken läßt, erkennt man dominierende Eindruckscharaktere, die etwas ungewöhnlich anmuten. Gleichwohl wollen wir versuchen, in der nachfolgenden Tabelle links die Befunde des Schriftbildes und rechts die charakterlichen Entsprechungen stichwortartig darzustellen.

Schriftbild	Charakterbild
Bewegungsmerkmale zerhackt zerrupft individueller Ablauf unverbunden unregelmäßig prägnante Bewegtheit	wechselhafte Spannkraft nicht durchhalten können schwankendes Selbstgefühl produktive Intelligenz
Formgebungsmerkmale stenographisch wirkend abgeschliffene Formen Pünktchen statt *m* und *n*	eigenwillig Anpassung vielseitige Begabung uneinheitlich Lebensgewandtheit psychologisches Verständnis
Raumverteilungsmerkmale souveräne Flächenaufteilung große Wort- und Zeilen- abstände eigenwillig modulierte Wortkörper gut ausbalanciert	zurückhaltendes Kontakt- verhalten Individualismus innere Einsamkeit Bescheidenheit labile Vitalität

In der Tat handelt es sich um die Schriftprobe eines angesehenen Hochschulprofessors von hoher Leistungsfähigkeit und Produktivität. Er weiß seine wissenschaftlichen Grundpositionen, die zumeist von herkömmlichen Auffassungen abweichen, überzeugend zu vertreten. Seine wechselhafte vitale Belastbarkeit verlangt ökonomischen Umgang mit den eigenen Kräften. Die übertriebenen Formreduzierungen im Mittelband – Pünktchen statt *m* und *n* – bestätigen diesen Befund augenfällig.

Nutzen und Grenzen
der Graphologie

Zum Abschluß soll noch auf drei Fragen eingegangen werden, die sich der Leser gewiß stellen wird, wenn er sich näher mit Graphologie befaßt:
1. Was kann man mit der Graphologie alles anfangen?
2. Wie treffsicher arbeitet sie?
3. Wo liegen ihre Grenzen?

Es dauerte Jahrzehnte, bis die Erfahrungswissenschaft Graphologie allgemeine Anerkennung fand. Heute kann man sagen, daß dieser Zweig der Ausdruckskunde allgemein ernstgenommen wird. Graphologie wird heute an Universitäten und Hochschulen als eine wichtige diagnostische Disziplin gelehrt, die es ermöglicht, den Menschen in gewichtigen Lebensfragen zur Seite zu stehen. An erster Stelle ist hier ihre Bedeutung für die *Wirtschaft* zu nennen. Weil der Graphologe über die Schreibgestik am raschesten einen Zugang zur ganzheitlichen Beurteilung einer Person findet, vermag er bei der betrieblichen Personalauswahl gute Hilfen zu bieten. Zusammen mit anderen Unterlagen wie Zeugnissen, Referenzen oder speziellen Eignungstests gibt der Graphologe entscheidenden Einblick in die Persönlichkeitsstruktur, besonders in die menschliche bzw. charakterliche Eignung. Und das braucht der Personalchef vor einem Einstellungsgespräch, das dann zur Entscheidung führt. Aus dem graphologischen Urteil erhält er Auskunft über das Verantwortungsbewußtsein, die Zuverlässigkeit und Verträglichkeit des Bewerbers. Dazu kommen noch wichtige Leistungsvoraussetzungen wie Intelligenz, Antriebslage und Anpassungsvermögen. Eine beruflich noch so gut ausgewiesene Fachkraft nützt der Betriebsführung wenig, wenn sie innerhalb der Gemeinschaft aneckt und dauernd Anlaß zu Auseinandersetzungen gibt. Hier kann der gute Betriebsgraphologe, der die Notwendigkeiten am Arbeitsplatz des Auftraggebers genau kennt, wichtige Entscheidungshilfen geben. Dasselbe gilt auch für die Auswahl geeigneter Arbeitskräfte aus einer Vielzahl von Bewerbungen, die er ohne Beisein und ohne Wissen der Prüflinge vornehmen kann. Dabei ist es nur selbstverständlich, daß diese Beratungen nur von Graphologen zu leisten sind, die über ausreichende psychologische Kenntnisse verfügen.

Ein zweites Anwendungsgebiet eröffnet sich im weiten Feld der *Persönlichkeitsberatung* für die verschiedensten Zwecke. In Nöten und Schwierigkeiten, die bei der Berufswahl Jugendlicher auftreten, bei der Kindererziehung oder zwischen Ehegatten kann er beratend helfen. Schwieriger wird es dagegen, wenn der Graphologe eine Störung im Gesamtzustand eines Schrifteigners feststellt und ein Krankheitsbefund vorliegt. Hier stößt er an seine Grenzen. Der Graphologe kann in bezug auf körperliche Krankheiten keine speziellen Diagnosen stellen.

Weil es keine Zeichen in einer Schrift gibt, die auf bestimmte Krankheiten hindeuten, bleibt hier der Arzt die zuständige Instanz. Wenn der Graphologe dennoch auf Anzeichen einer beginnenden Neurose hinweisen kann, dann ist dies nur so zu erklären, daß nervliche Erkrankungen Schriftveränderungen hervorrufen und Störungen des motorischen Systems vermuten lassen. Es sind vor allem Zitterformen und besondere Strichunterbrechungen bei feinen Störungen der rhythmischen Qualitäten, die auf Labilität im Bereich des Seelischen hindeuten können.

Auch auf dem Gebiet der *Partnergutachten* sind die Grenzen graphologischer Möglichkeiten eng gezogen. Hier ist zu betonen, daß sich Entscheidendes nicht im Schriftbild spiegelt, denn wer wollte aus der Handschrift erkennen, wie groß das Maß der Zärtlichkeit und Liebe bei zwei Partnern ist. Gleichwohl kann der Graphologe in besonderen Fällen aufgrund großer charakterlicher Differenzen durchaus auf die möglichen Schwierigkeiten einer Partnerbeziehung hinweisen.

Auf dem Gebiet der *Verbrechensbekämpfung* sind die graphologischen Beratungsmöglichkeiten ebenfalls begrenzt, obwohl die Forschung nach den Arbeiten von *Roda Wieser* voranschreitet. In bestimmten Fällen vermochten Graphologen heute schon erfolgreiche Hilfen zu geben. Sie konnten aufgrund erkennbarer Grundrhythmusschwäche im Verbund mit zahlreichen Unwahrhaftigkeitsmerkmalen auf gefährdete Charaktere schließen, was im Vergleich mit anderen Belasteten zur entscheidenden Eingrenzung der möglichen Übeltäter geführt hat.

Mit der Frage nach den Möglichkeiten und Grenzen graphologischer Diagnostik ist auch die alte Frage nach ihrer Treffsicherheit eng verbunden. Gibt es doch auch heute noch Kritiker, die den Wert graphologischer Diagnosen schlechthin bezweifeln. Dabei verweisen sie mit einigem Recht darauf, daß eine Zustimmung der Beurteilten oder seiner Bekannten nicht als Beweis im strengen Sinn für die Richtigkeit eines Charaktergutachtens angesehen werden kann. Oft sind die Auftraggeber auch Laien auf dem Gebiet der Menschenkenntnis. Diese werden dann eine Nichtübereinstimmung des Gutachtens mit dem bekannten Schrifturheber übersehen oder größere Abweichungen zumeist vergessen. Selbst bei späteren nachträglichen Enttäuschungen kann man damit rechnen, daß der Graphologe davon nichts mehr erfährt. So ist es nur einleuchtend, daß man die Frage der Zuverlässigkeit graphologischer Gutachten nicht auf der Ebene persönlicher Erfahrungsurteile beantworten kann.

Es war daher erforderlich, daß die Frage der Stichhaltigkeit wissenschaftlicher methodischer Untersuchungen unterzogen wurde. Es war das Institut für Psychologie der Freiburger Universität, das in den 60er Jahren ein Verfahren entwickelte, das wissenschaftliche Bewährungskontrollen graphologischer Gutachten ermöglichte. Mit Hilfe eines Beurteilungsschemas erfaßte man systematisch zunächst die Urteile der Vorgesetzten über die Angestellten (114 Personen) eines Betriebs. Danach wurden mehrere Graphologen aufgefordert, ohne Kenntnis der betrieblichen Stellungnahmen ihre schriftpsychologischen Feststellungen in das gleiche Schema zu übertragen. Damit wurde erstmalig die Voraussetzung zu einem systematischen Vergleich betrieblicher und graphologischer Urteile auf einer einheitlichen terminologischen Basis geschaffen. Darüber hinaus gestattete dieses Beurteilungsschema auch eine statistische Auswertung der Ergebnisse. Das Ergebnis war frappierend: In 88% aller Fälle lag eine Übereinstimmung von betrieblichen und graphologischen Aussagen vor.

Ein weiteres Ergebnis ist für die graphologische Praxis fast noch wichtiger. Die statistischen Annäherungswerte, die den Grad der Übereinstimmung zwischen Einschätzung durch den Vorgesetzten und graphologischem Urteil anzeigten, fielen je nach der Art der untersuchten Eigenschaften unterschiedlich aus.

Bei Fragen des persönlichen Formats, der Lebensreife, der theoretischen und praktischen Begabungen, des Verhandlungsgeschicks sowie der Eignung zum Vorgesetzten war die Übereinstimmung zwischen beiden Urteilen erstaunlich hoch. Hierin darf man einen Beweis dafür sehen, daß in der Ermittlung grundlegender Persönlichkeitsmerkmale, also in der Erkenntnis von Qualitäten, die sich auf den ganzen Menschen beziehen, die besondere Stärke graphologischer Diagnostik zu liegen scheint.

Aus diesen statistisch erfaßten Untersuchungsergebnissen darf man folgern, daß die graphologischen Urteile im wesentlichen zutreffend sind. Sie können das betriebskundige Urteil des Personalchefs ausgesprochen gut abrunden und ergänzen.

So darf im Blick auf die Möglichkeiten und Grenzen der Graphologie abschließend gesagt werden, daß diese junge Wissenschaft sowohl im Rahmen betrieblicher Personalauswahl als auch im Dienst allgemein-praktischer Menschenkunde mit Recht zunehmende Inanspruchnahme und steigende Wertschätzung verdient.

Register

Literaturverzeichnis

Becker, M.: Graphologie der Kinderschrift, 3. Aufl., Hamburg 1949

Christiansen, B. und Carnap, E.: Neue Grundlegung der Graphologie, München 1953

Crepieux-Jamin, J.: Die Grundlagen der Graphologie, Heidelberg 1927

Groß, C.: Vitalität und Handschrift, Bonn 1950

Heiß, R.: Die Deutung der Handschrift, Hamburg 1943

Junge, O.: Rationale Graphologie, Lüneburg 1949

Klages, L.: Handschrift und Charakter, 24. Aufl., Bonn 1956

Knobloch, H.: Die Lebensgestalt der Handschrift, Saarbrücken 1950

Knobloch, H.: Deine Schrift – dein Charakter, Stuttgart/Wien 1953

Knobloch, H.: Graphologisches Archiv, Stuttgart/Wien 1958 (Atlas)

Knobloch, H.: Handbuch der Graphologie, Düsseldorf/Wien 1971

Knobloch, H.: Graphologie, München 1987

Lücke, A.: Graphologie für Einsteiger, Genf 1986

Mendelssohn, A. und G.: Der Mensch in der Handschrift, Leipzig 1930

Müller, W. und Enskat, A.: Graphologische Diagnostik, Bern/Stuttgart 1961

Pfanne, H.: Lehrbuch der Graphologie, Berlin 1961

Pokorny, R.: Psychologie der Handschrift, München 1973

Pophal, R.: Die Handschrift als Gehirnschrift, Rudolstadt 1949

Pulver, M.: Symbolik der Handschrift, Zürich 1955

Rasch, W. D.: Hat sich die Graphologie bewährt, Bern 1957

Revers, W. J.: Deutungswege der Graphologie, Salzburg 1966

Singer, E.: Die Handschrift sagt alles, München 1954

Wieser, R.: Persönlichkeit und Handschrift, München/Basel 1956

Wittlich, B.: Angewandte Graphologie, Berlin 1951

Wittlich, B.: Graphologische Charakterdiagramme, München 1952

NÜTZLICHE RATGEBER
EINE AUSWAHL
Stand: Frühjahr 1994

Hobby und Freizeit

Falken-Handbuch
Zeichnen und Malen
(4167-5) Von B. Bagnall, 336 S., 1154 Farbzeichnungen, Pappband. ●●●●●

Kreativ Zeichnen
(4688-X) Von B. Bagnall, 176 S., zahlr. Farbabb., Pappband. ●●●●

Punkt, Punkt, Komma, Strich
Zeichnen leicht gemacht
(4721-5) Von H. Witzig, 144 S., 512 s/w-Zeichnungen, Pappband. ●●

Punkt, Punkt, Komma, Strich
Zeichenstunde für Kinder
(0564-4) Von H. Witzig, 144 S., über 250 Zeichnungen, kart. ●

Einmal grad und einmal krumm
Zeichenstunde für Kinder
(0599-7) Von H. Witzig, 144 S., 363 Abb., kartoniert. ●

Figürliches Zeichnen
leicht gemacht
(1010-9) Von H. Witzig, 112 S., 462 Figuren, kartoniert. ●

Airbrush
Kreatives Gestalten mit dem Luftpinsel
(1133-4) Von C. M. Mette, 80 S., 145 Farbfotos, 40 Farbzeichnungen, kartoniert. ●●

Kalligraphie
Die Kunst des schönen Schreibens
(4263-9) Von C. Hartmann, 120 S., 44 Farbvorlagen, 29 s/w-Vorlagen, 2 s/w-Zeichnungen, 38 Farbfotos, Pappband. ●●●●

Gestalten mit Schrift
Kalligraphie
(1044-3) Von I. Schade, 80 S., 2 Farb- und 1 s/w-Foto, 143 Farbzeichnungen, kart. ●●

Hobby Aquarellmalen
Landschaft und Stilleben
(0876-7) Von I. Schade, A. Brück, 80 S., 111 Farbabb., kart. ●●

Technik · Gestaltung · Ausdruck
Aquarellmalerei
Von der Realität zum Bild
(4529-8) Von Prof. W. Wrisch, 136 Seiten, 172 farb. Abbildungen, 5 s/w-Abbildungen, 46 Zeichnungen, Pappband. ●●●●

Hobby Ölmalerei
Landschaft und Stilleben
(0875-9) Von H. Kämper, I. Becker, 80 S., 93 Farbabb., kart. ●●

FALKEN
Lexikon der Seidenmalerei
Mit großer Farbmischtabelle
(4737-1) Von K. Huber, 208 S., 192 Farbfotos, Pappband. ●●●●

Seidenmalerei in Vollendung
(4414-3) Hrsg. von R. Smend, 160 S., 227 Farbfotos, 36 s/w-Fotos, geprägter Leineneinband mit Schutzumschlag, im Schuber. ●●●●●

Seidenmalerei
Westen · Blusen · Hosen
(1455-4) Von C. Köhl, ca. 64 Seiten, durchgehend vierfarbig, zahlreiche Abbildungen, mit Vorlagebogen, kartoniert. ●●

Seidenmalerei und Modedesign
Modelle · Techniken · Schnittmuster
(4476-3) Von B. Hansen, 176 S., 140 Farbf.93 Farb-, 68 s/w-Zeichn., Pappband. ●●●●

Seidenmalerei Exklusive Tücher
(1303-5) Von E. Schwinge, 80 S., 79 Farbfotos, 6 Zeichnungen, kart. ●●

Kreative Seidenmalerei
Motive · Muster · Farbenspiel
(4720-7) Von M. Neubacher-Fesser, ca. 136 S., zahlr. Farbabb., Pappband. ●●●●

Seidenmalerei
Muster über Muster
20 Künstlerinnen präsentieren 120 Ideen
(4744-4) 128 S., 188 Farbabbildungen, Papp-band. ●●●●

Seidenmalerei
Die wichtigsten Techniken Schritt für Schritt
(1357-4) Von B. Hansen, 64 S., 97 Farbfotos, kartoniert. ●●

Seidenmalerei als Kunst und Hobby
(4264-7) Von S. Hahn, 136 S., 256 Farbfotos, 1 s/w-Foto, Pappband. ●●●●

Neue zauberhafte Seidenmalerei
Motive und Anregungen aus der Natur
(0924-0) Von R. Henge, 80 S., 148 Farbfotos, 27 s/w-Zeichnungen, kart. ●●

Krawatten, Tücher und Fliegen individuell gestalten
Seidenmalerei
(1242-X) Von A. Reichmann, 64 S., durchgehend vierfarbig, kart. ●●

Aquarellieren auf Seide
Materialien · Techniken · Motive
(0917-8) Von I. Demharter, 32 S., 41 Farbfotos, Pappband. ●

Airbrush auf Seide
(1342-6) Von I. Demharter, 64 S., zahlreiche Farbabbildungen, kart. ●●

Airbrush Seidenmalerei
Mit Vorlagen für Schablonen
(1356-6) Von C. M. Mette, 80 S., 129 Farbf., kartoniert. ●●

Seidenmalerei Bäume und Blätter
(5249-9) Von D. Kosik, 32 S., 5 Farbfotos, 23 Farb- u. 13 s/w-Zeichnungen, kart. ●

Seidenmalerei Landschaften
(5153-0) Von D. Kosik, 32 S., 50 Farbfotos, 12 Zeichnungen, mit Vorlagebogen in Originalgröße, kart. ●

Seidenmalerei Kissen
(5151-4) Von I. Demharter, 32 S., 42 Farbfotos, 2 Zeichnungen, mit Vorlagebogen in Originalgröße, kart. ●

Seidenmalerei Blusen und T-Shirts
(5184-0) Von A. Keller, 32 S., 28 Farbfotos, 12 Zeichnungen, mit Vorlagebogen in Originalgröße, kartoniert. ●

Seidenmalerei Tücher und Schals
(5152-2) Von R. Henge, 32 S., 36 Farbfotos, 1 Zeichnungen, mit Vorlagebogen in Originalgröße, kart. ●

Seidenmalerei Tiermotive
(5204-9) Von A. Keller, 32 S., 37 Farbfotos, mit Vorlagebogen in Originalgröße, kart. ●

Serti Designo
Seidenmalerei mit Kreidestiften
(5208-1) Von S. Tichy-Gibley, 32 S., 46 Farbfotos, mit Vorlagebogen in Originalgröße, kart. ●

Seidenmalerei Lampenschirme
(5154-9) Von I. Walter-Ammon, 32 S., 47 Farbfotos, 1 Zeichnung, mit Vorlagebogen in Originalgröße, kart. ●

Seidenmalerei Blüten, Blätter, Ranken
(5165-4) Von D. Kosik, 32 S., 35 Farbfotos, 4 Zeichnungen, mit Vorlagebogen in Originalgröße, kart. ●

Seidenmalerei Schmuckkarten und
Miniaturbilder
(5166-2) Von I. Walter-Ammon, 32 S., 37 Farbfotos, 2 Zeichnungen, mit Vorlagebogen in Originalgröße, kart. ●

Akzente mit Perlen, Pailetten und Straß
Seidenmalerei
(5248-0) Von A. Keller, 32 S., ca. 50 Farbf., mit Vorlagebogen in Originalgröße, kart. ●

Seidenmalerei Bilder in Konturentechnik
(5182-4) Von I. Demharter, 32 S., 28 Farbfotos, 2 Zeichnungen, mit Vorlagebogen in Originalgröße, kart. ●

Seidenmalerei Applikationen
(5224-3) Von J. Bressau, 32 S., 50 Farbfotos, mit Vorlagebogen in Originalgröße, kart. ●

Apartes aus bemalter Seide
(5274-X) Von E. Möller, 48 Seiten, durchgehend vierfarbig, kartoniert. ●

Malen auf Seide
kinderleicht
(5218-9) Von R. Henge, 32 S., 11 Farbfotos, 44 Farbzeichn., Vorlagebogen, kartoniert. ●

Moderne Stoffmalerei
(1358-2) Von H. Sander, 64 S., 73 Farbf., 50 s/w-Zeichn., kart. ●●

Perfekt Stricken
Mit Sonderteil Häkeln.
(4250-7) Von H. Jaacks, 256 S., 703 Farbfotos, 169 Farb- und 121 s/w-Zeichnungen, Pappband. ●●●●

Das moderne Standardwerk
Nähen
(4709-6) Von S. von Rudzinski, 176 S., vierfarbig, Pappband. ●●●●

Stoffpuppen
nach alten Vorbildern
(5281-2) Von M. Meinesz, 48 S., durchgehend vierfarbig, mit Vorlagebogen, kart. ●

Heißgeliebte Teddys
Selbermachen · Sammeln · Restaurieren
(0900-3) Von H. Nadolny und Y. Thalheim, 80 Seiten, 118 Farbfotos, kartoniert. ●●●

Falken-Verlag GmbH · Postfach 1120  **FALKEN** **D-65521 Niederhausen/Ts. · Tel.: 0 61 27 / 70 20**

Marionetten
selbst bauen und führen
(1043-5) Von D. Köhnen, 80 S., 150 Farbfotos,
mit Schnittmusterbogen, kartoniert. ●●

Hampelmänner
Basteln mit Kindern ab 5 Jahren
(5240-5) Von F. Michalski, 32 S., ca. 50 Farbabb., mit Vorlagebg. in Originalgröße, kart. ●

Künstlerpuppen
im 20. Jahrhundert
(4719-3) Hrsg. R. Höckh, 160 S., 192 Farbfotos, 26 s/w-Fotos, Pappband. ●●●●●

Charakterpuppen
aus Cernit und Porzellan selbst gestalten
(1156-3) Von S. Becker, 64 S., 143 Farbfotos,
30 Zeichnungen, 13 Vignetten, mit Schnittmusterbogen, kartoniert. ●●

Puppen zum Liebhaben
(5199-9) Von B. Wehrle, 32 S., 27 Farbfotos,
9 s/w-Zeichnungen, mit Vorlagebogen in
Originalgröße, kartoniert. ●

Basteln mit Kindern
Moosgummi
(5271-5) Von A. und R. Schurr, 48 S., durchgehend vierfarbig, mit Vorlagebogen, kart. ●

Neue zauberhafte Salzteig-Ideen
(0719-1) Von I. Kiskalt, 80 S., 324 Farbfotos,
12 Zeichnungen, Schablonen, kart. ●●

Salzteig kinderleicht
(0973-9) Von I. Kiskalt, 80 S., 224 Farbfotos,
8 Zeichnungen, kartoniert. ●

Hobby Salzteig
(0662-4) Von I. Kiskalt, 80 S., 150 Farbfotos,
5 Zeichnungen und Schablonen, kart. ●

Kreatives gestalten mit Ton
Töpfern ohne Scheibe – Aufbaukeramik
(0896-1) Von A. Riedinger, 80 S., 207 Farbfotos, 16 Zeichnungen, 7 Vignetten, kart. ●●

Kreatives Gestalten mit Ton
Töpfern auf der Scheibe
(0971-2) Von A. Riedinger, 80 S., 28 Farb-
und 3 s/w-Zeichnungen, 178 Farbf., kart. ●●

Kneten und Modellieren
kinderleicht
(5217-0) Von V. Ettelt, 32 S., 12 Farbtafeln,
72 Farbzeichnungen, kartoniert. ●

Hobby Glaskunst in Tiffany-Technik
(0781-7) Von N. Köppel, 80 S., 194 Farbfotos,
6 s/w-Abbildungen, kartoniert. ●●

Tiffany-Technik
und andere kunstvolle Arbeiten in Glas
(0972-0) Von D. Köhnen, 80 S., 176 Farbfotos, 5 s/w-Zeichnungen, kartoniert. ●●

Ikebana
Grundstile und Variationen
(4749-5) Von E. Schwalm, 112 Seiten,
ca. 165 Farbfotos, 43 Grafiken, 2 Tabellen,
gebunden. ●●●●

Dekorieren und Gestalten
mit Naturmaterialien
rund ums Jahr
(4748-7) Von E. Dommershausen u.a., 128 S.,
ca. 200 Farbf. und -zeichnungen, geb. ●●●

Masken
phantasievoll dekorieren
(5155-7) Von Chr. Familler, 32 S., 48 Farbf.,
mit Vorlagebg. in Originalgröße, kart. ●

Laubsägearbeiten für das Kinderzimmer
(5245-6) Von H.-P. Krafft, 32 S., ca. 50 Farbf.,
mit Vorlagebg. in Originalgröße, kartoniert. ●

Schwingtiere aus Holz gestalten
(5222-7) Von der Arbeitsgem. Werken, 32 S.,
50 Farbfotos, mit Vorlagebogen in Originalgröße, kartoniert. ●

FALKEN Video
Drachen
bauen und fliegen
(6141-2) VHS, ca. 45 Min., in Farbe, mit
Broschüre. ●●●●*

Drachen
bauen und steigen lassen.
(0767-1) Von W. Schimmelpfennig, 80 Seiten,
1 dreiseitige Ausklapptafel, 55 Farbfotos,
139 Zeichnungen, kart. ●●●

Lenkdrachen
bauen und fliegen
(1011-7) Von W. Schimmelpfennig, 64 Seiten,
51 Farbf. und 126 Zeichnungen, kart. ●●

Neue Lenkdrachen und Einleiner
bauen und fliegen
(1353-1) Von W. Schimmelpfennig, 80 Seiten,
54 Farbf., 95 Farbzeichn., kart. ●●●

Drachen
Einfache Modelle für Kinder
(5156-5) Von W. Schimmelpfennig, 32 Seiten,
11 Farbfotos, 31 Farbzeichnungen, mit Vorlagebogen, kartoniert. ●

Basteln mit Kleinkindern
ab 3 Jahren
(4747-9) Von W. Kottke und I. Hübers-
Kemink, 128 Seiten, über 200 Farbabbildungen, mit Vorlagebogen, gebunden. ●●●

Das goldene Bastelbuch für Kinder
(4769-X) Von U. Barff (Hrsg.), 336 Seiten,
durchg. vierf., mit 2 Vorlagebogen, geb. ●●●

Basteln mit Kindern
Dinos & Drachen
(5279-0) Von G. Reinscheid, 48 Seiten, durchgehend vierfarbig, mit Vorlagebogen, kart. ●

Basteln mit Kindern
Fensterbilder Ritter und Burgen
(5284-7) Von D. Köhnen, 48 Seiten, durchgehend vierfarbig, mit Vorlagebogen, kart. ●

Das große farbige
Bastelbuch für Kinder
(4254-X) Von U. Barff, I. Burkhardt, J. Maier,
224 S., 157 Farbf., 430 Farb- und 60 s/w-
Zeichn., m. Schnittmusterbg., Pappband. ●●●

Origami
Tiere aus aller Welt
(5250-X) Von J. Maier, 32 Seiten, 19 Farbfotos,
68 Farb- u. 16 s/w-Zeichnungen, kartoniert. ●

Hobby Origami
Papierfalten für groß und klein
(0756-6) Von Z. Aytüre-Scheele, 80 Seiten,
820 Farbfotos, kartoniert. ●●

Neue zauberhafte Origami-Ideen
Papierfalten für groß und klein
(0805-8) Von Z. Aytüre-Scheele, 80 Seiten,
720 Farbfotos, kartoniert. ●●

Zauberwelt Origami
Tierfiguren aus Papier
(1045-1) Von Z. Aytüre-Scheele, 80 Seiten,
660 Farbfotos, kartoniert. ●●

Kreatives Gestalten mit **Papiermaché**
(5246-4) Von B. Jetzek-Berkenhaus, 32 S.,
ca. 50 Farbfotos, kartoniert in Originalgröße kartoniert. ●

Marmorieren
Muster · Techniken · Gestaltungsideen
(5247-2) Von T. Hartel, 32 S., ca. 50 Farbfotos,
mit Vorlagebogen, kartoniert. ●

Heut basteln wir mit Pappe und Papier
(4413-5) Von U. Barff, J. Maier, 128 Seiten,
117 Farbfotos, 480 Farbzeich., 25 s/w-Abb.,
mit Schnittmusterbogen, Pappband. ●●●

Das große farbige **Bastel- und Werkbuch**
(4439-9) Von D. Rex, 256 S., 999 Farbfotos,
33 Farbzeichnungen, Pappband. ●●●●

Mein liebstes Spiel- und Bastelbuch
Die Welt der Dinosaurier
Tiere und Landschaften zum Selbermachen
Ausbrechen, aufstellen, spielen
(4478-X) Von B. Burkart, 8 Blatt mit heraus-
lösbaren Motiven, 280-g-Karton mit Stan-
zung, 8 S. Bastelanl. und Sachinformation. ●●

Das große farbige
Dinosaurierbastelbuch
(4686-3) Von S. Koter, 128 S., 87 Farbfotos,
71 Farbzeichn., Vorlagebogen, Pappbd. ●●●

Fensterbilder in Scherenschnitt
(5169-7) Von A. Hahn, 32 Seiten, 52 Farbfotos, 3 s/w-Fotos, mit Vorlagebogen in Originalgröße, kartoniert. ●

Fensterbilder
Meine Lieblingstiere
(5197-2) Von Y. Thalheim, H. Nadolny,
32 Seiten, 38 Farbfotos, mit Vorlagebogen in
Originalgröße, kartoniert. ●

Fensterbilder Enten und Gänse
(5278-2) Von D. Köhnen, 48 Seiten, durchgehend vierfarbig, mit Vorlagebogen, kart. ●

Fensterbilder Lustige Tiere
(5210-3) Von F. Michalski, 32 S., 47 Farbfotos,
mit Vorlagebogen in Originalgröße, kart. ●

Fensterbilder Bauernhof
(5264-2) Von D. Köhnen, 48 Seiten, 44 Farbfotos, Vorlagebogen, kartoniert. ●

Fensterbilder Dinosaurier
(5260-X) Von C. Hüfner, 32 S., 8 Farbfotos,
47 Farbzeichnungen, Bastelbogen, kart. ●

Basteln mit Kindern
Fensterbilder Ritter und Burgen
(5284-7) Von D. Köhnen, 48 Seiten, durchgehend vierfarbig, mit Vorlagebogen, kart. ●

Mit Farben und Papieren
Fenster dekorieren
(5255-3) Von K. Groß, 32 Seiten, 8 Farbfotos,
59 Farbzeichnungen, kartoniert. ●

Basteln mit Kindern
Große Fensterbilder
(5276-6) Von D. Köhnen, 48 Seiten, durchgehend vierfarbig, mit Vorlagebogen, kart. ●

Originelle Fensterbilder
aus Tonpapier und Tonkarton
(1305-1) Von D. Köhnen, 64 Seiten, 70 Farbfotos, kartoniert. ●●

Die schönsten Fensterbilder
(1066-4) Von C. Kimmerle, 64 S., 100 Farbfotos, 7 Zeichnungen, kartoniert. ●●

Das Fensterbilder-Alphabet
Basteln mit Kindern ab 5 Jahren
(5242-1) Von E. Bohne, 32 S., ca. 50 Farbabb.,
mit Vorlagebogen in Originalgröße, kart. ●

Märchenhafte Fensterbilder
(5185-9) Von J. Maier, 32 S., 37 Farbfotos,
mit Vorlagebogen in Originalgröße, kart. ●

Fensterbilder Blumen und Tiere
(5186-7) Von M. Twachtmann, 32 Seiten,
41 Farbfotos, 2 Zeichnungen, mit Vorlagebogen in Originalgröße, kartoniert. ●

Fensterbilder rund um die Welt
(1411-2) Von D. Köhnen, 64 Seiten, Vorlagebogen, 66 Farbfotos, kartoniert. ●●

Fensterbilder Zahlen
(5268-5) Von E. Bohne, 32 S., zahlr. Farbabbildungen, mit Vorlagebogen, kartoniert. ●

Fensterbilder Strand und Meer
(5266-9) Von B. Alex, 32 S., 57 Farbfotos,
Vorlagebogen, kartoniert. ●

Fensterschmuck
Originelle Ideen für Dekorationen und
Fensterbilder
(1241-1) Von D. Köhnen, 64 S., ca. 70 Farbfotos, Vorlagebogen, kartoniert. ●●

Klassisches Origami
Asiatische Faltkunst für Fortgeschrittene
(1454-6) Von P. D. Tuyen, ca. 80 Seiten,
ca. 600 farbige Abbildungen, kartoniert. ●●

Sticker
Bastelspaß mit bunten Bildern
(5270-7) Von D. Dieterle und J. Reick, 48 S.,
73 Farbfotos, mit Vorlagebogen, kartoniert. ●

Papierflieger
(5157-3) Von T. Gött, 32 S., 73 Farbf., 19 Zeich
mit Vorlagebogen, kartoniert. ●

Windspielzeug
Basteln mit Kindern ab 5 Jahren
(5241-3) Von D. Köhnen, 32 S., ca. 50 Farbabb., mit Vorlagebg. in Originalgröße, kart. ●

2

Flieger und Schiffe aus Papier
falten, ausbalancieren und steuern
(1410-4) Von C. Hüfner, ca. 80 Seiten, zahlr.
Farbabbildungen, kartoniert. ●●

Faltschnitte
(5257-X) Von B. Blankenburg, 32 S., 12 Farbf.,
42 Farbzeichn., Vorlagebogen, kartoniert. ●

Laternen und Lampions
(5206-5) Von C. Hüfner, 32 S., 60 Farbfotos,
mit Vorlagebogen in Originalgröße, kart. ●

Mobiles aus Papier
(5183-2) Von J. Maier, 32 S., 17 Farbfotos,
35 Farbzeichnungen, mit Vorlagebogen in
Originalgröße, kart. ●

Tiermobiles
(5258-8) Von C. Hüfner, 32 Seiten, 57 Farbzeichnungen, Vorlagebogen, kartoniert. ●

Sonne, Mond und Sterne
Motive und Geschenkideen
(5282-0) Von D. Köhnen, 48 Seiten, durchgehend vierfarbig, mit Vorlagebogen, kart. ●

Bastelideen für Indianerspiele
(5252-9) Von B. Nelich, D. Velte, 32 Seiten,
38 Farbfotos, Vorlagebogen, kartoniert. ●

Der große Verkleidungsspaß
Kinderkostüme
(1304-3) Von C. Baumgarten, 53 Farbfotos,
183 Farbzeichn., Vorlagebogen, kart. ●●

Lustige Geschenk- und Schultüten
(5263-4) Von F. Michalski, 32 Seiten,
26 Farbfotos, Vorlagebogen, kartoniert. ●

Deco Art
Die Kunst, Geschenke zu verpacken
(0949-6) Von B. Niermann, 80 S., 78 Farbfotos, 191 Zeichnungen, kartoniert. ●●

Geschenke wunderschön verpacken
(1113-X) Von P. Jansen, 80 S., 79 Farbfotos,
166 Farbzeichnungen, kartoniert. ●●

Geschenke umweltfreundlich verpacken
(1240-3) Von P. Jansen, 64 S., vierfarbige
Fotos und Illustrationen, kartoniert. ●●

Geldgeschenke
phantasievoll verpacken
(5251-0) Von P. Jansen, 32 Seiten, 49 Farbfotos, Vorlagebogen, kartoniert. ●

Geldgeschenke · Gutscheine ·
Geschenkanhänger
originell gestalten und verpacken
(1115-6) Von S. Haenitsch-Weiß, A. Weiß,
80 Seiten, 176 Farbfotos, kartoniert. ●●

Geschenke verpacken für Kinderfeste
(5195-6) Von C. Netolitzky, 32 S., 43 Farbfotos,
mit Vorlagebogen in Originalgröße, kart. ●

Originelles Ambiente für Gäste
Festdekorationen
(1049-4) Von B. Niermann, 80 S., 125 Farbfotos, 59 Farbzeichn., kartoniert. ●●

Origineller Bastelspaß rund ums Herz
Motive und Geschenkideen
(5272-3) Von D. Köhnen, 48 Seiten, durchgehend vierfarbig, mit Vorlagebogen, kart. ●

Dekorative Schleifen
aus Bändern und Papier
(5205-7) Von M. Schorege, 32 S., 28 Farbfotos, 31 Farbzeichnungen, mit Vorlagebogen
in Originalgröße, kartoniert. ●

Dekorieren und Arrangieren mit
Seidenblumen
(5200-6) Von M. L. Sprang, 32 S., 37 Farbfotos, 14 Farbzeichnungen, mit Vorlagebogen
in Originalgröße, kartoniert. ●

Schmuck- und Glückwunschkarten
Papierarchitektur · Collagen · Faltschnittkarten
(1114-8) Von C. Sanladerer, 64 S., 55 Farbfotos, 31 Zeichnungen, kartoniert. ●●

Einladungs-, Tisch- und Menükarten
selbst gestalten
(1302-7) Von S. Haenitsch-Weiß, 80 Seiten,
zahlreiche Farbabbildungen, kartoniert. ●●

Basteln mit Kindern
Moosgummi
(5271-5) Von A. und R. Schurr, 48 Seiten,
durchgehend vierfarbig, mit Vorlagebogen,
kartoniert. ●

Originell und Modern
Moosgummi
(1354-X) Von S. Boczkowski-Sigges, 56 Seiten,
92 Farbfotos, kartoniert. ●●

Osterschmuck
Neue Ideen für Kränze, Sträuße, Gestecke
(5267-7) Von I. Gleim, ca. 32 Seiten, zahlr.
Farbabbildungen, kartoniert. ●

Basteln mit Kindern für
Ostern
(5283-9) Von V. Ettelt u.a., 48 Seiten, 12 Farbf.,
83 Farbzeichnungen, mit Vorlagebg., kart. ●

Ostereier originell dekorieren
(5219-7) Von W. Velte, 32 S., 44 Farbfotos,
mit Vorlagebogen in Originalgröße, kart. ●

Fensterbilder für die Osterzeit
(5244-8) Von R. Lübke, D. Lübke, 32 S., ca.
50 Farbf., mit Vorlagebg. in Originalg., kart. ●

Basteln für Ostern
(5164-6) Von Chr. Adjano, 32 S., 47 Farbfotos,
mit Vorlagebogen in Originalgröße, kart. ●

Ostereier
Basteln mit Kindern ab 5 Jahren
(5243-X) Von Vera Ettelt, 32 Seiten, mit
Spielebogen, kartoniert. ●

Tischdekorationen für Ostern
(5220-0) Von Chr. Adjano, 32 Seiten, 49 Farbfotos,
mit Vorlagebogen in Originalgröße, kart. ●

Basteln und dekorieren für
Advent und Weihnachten
(4446-1) Von G. Teusen, C. Netolitzky, 176 S.,
285 Farbf., mit Bastelvorlagebg., Pappb. ●●●

Kinderbastelbuch
für Advent und Weihnachten
(4687-1) Von S. Wetzel-Maesmans, 104 S.,
ca. 120 Farbfotos, ca. 300 Anleitungsillustra-
tionen, Vorlagebogen, Pappband. ●●

Lustige Geschenkideen für die
Weihnachtszeit
(5256-1) Von B. Löschenkohl, 32 S., 8 Farbfotos, 69 Farbzeichn., Vorlagebogen, kart. ●

Basteln für Weihnachten
(5162-X) Von Chr. Adjano, 32 S., 44 Farbfotos,
mit Vorlagebogen in Originalgröße, kart. ●

Fensterbilder Winter und Weihnachten
(5275-8) Von F. Michalski, 48 S., 57 Farbfotos,
Vorlagebogen, kartoniert. ●

Fensterdekorationen für die
Weihnachtszeit
(5181-6) Von Y. Thalheim, H. Nadolny, 32 S.,
33 Farbfotos, mit Vorlagebogen in Originalgröße, kartoniert. ●

Fensterbilder für Advent und
Weihnachten
(5211-1) Von M. Schorege, 32 S., 24 Farbf.,
15 Zeichn., mit Vorlageb. in Originalg., kart. ●

Strohsterne
in bunter Vielfalt
(5273-1) Von M. Schorege, 48 S., 46 Farbfotos,
Vorlagebogen, kartoniert. ●

Duftender Weihnachtsschmuck
aus Tonpapier und Potpourris
(5254-1) Von S. Wetzel-Maesmanns, 32 Seiten,
38 Farbfotos, Vorlagebogen, kartoniert. ●

Duftsträuße und Potpourris
(1239-X) Von A. Effelsberg, 80 Seiten,
ca. 200 vierfbg. Abbildungen, kartoniert. ●●

Potpourris
Rezepturen und Geschenkideen
(5265-0) Von U. Altmann, 32 Seiten, 53 Farbfotos, kartoniert. ●

Trockenblumen
Gewürzsträuße, Gestecke, Kränze, Buketts
(0643-8) Von R. Strobel-Schulze, 88 Seiten,
170 Farbfotos, kartoniert. ●●

Phantasievolles Schminken
Verzauberte Gesichter für Maskeraden,
Laienspiele und Kinderfeste
(0907-0) Hrsg.: H. u. Y. Nadolny, 64 Seiten,
227 Farbfotos, kartoniert. ●●

Schminken für Kinder
(5177-8) Von Y. Thalheim, H. Nadolny, 32 S.,
68 Farbfotos, mit Vorlagebogen in Originalgröße, kartoniert. ●

Do it yourself und Technik

Moderne Fotopraxis
(4401-1) Von G. Koshofer, Prof. H. Wedewardt,
224 S., 363 Farbfotos, 106 s/w-Fotos, 5 Farb-
und 24 s/w-Zeichnungen, Pappband. ●●●●

So macht man bessere Fotos
(1158-X) Von G. Koshofer, 144 S., 259 Farbfotos, 25 s/w-Fotos, kartoniert. ●●

So macht man bessere Kinderfotos
(1459-7) Von G. Koshofer, ca. 120 Seiten,
ca. 260 farbige Abbildungen, kartoniert. ●●●

Kodak Photo CD
Bilder archivieren, bearbeiten, präsentieren
(4388-0) Von H. Freund, ca. 176 Seiten,
durchgehend vierfarbig, kartoniert. ●●●

Videografieren
Filmen mit Video 8. Technik – Bildgestaltung
– Schnitt – Vertonung.
(0843-0) Von M. Wild, K. Möller, 120 Seiten,
101 Farbfotos, 22 s/w-Fotos, 52 Zeichnungen,
kartoniert. ●●●

Videografieren perfekt
Profitricks für Aufnahmetechnik und
Nachbearbeitung
(0969-0) Von W. Schild, 120 S., 144 Farbabbildungen, 5 s/w-Zeichnungen, kart. ●●●

Besser VIDEOfilmen
Moderne Technik für perfekte Videos
(1458-9) Von W. Schild, ca. 160 Seiten, zahlreiche Farbabbildungen, kartoniert. ●●●

Videofilmen wie ein Profi
Technik · Motive · Filmaufbau ·
Nachbearbeitung
(4506-9) Von T. Pehle, 232 S., 444 Farbfotos,
61 zweifbg. Zeichnungen, Pappband. ●●●●

Do it yourself
Heimwerken
(4117-9) Von T. Pochert, 456 S., 1103 Farbfotos, 100 Farbabb., Pappband. ●●●●

Drechseln
Material · Technik · Beispiele
(1306-X) Von O. Maier, 72 S., 195 Farbabbildungen, 14 s/w-Zeichnungen,
kartoniert. ●●

Do it yourself
Dachgeschoß- und Innenausbau
(1243-8) Von M. Maurer, 96 S., 314 Farbfotos,
35 Zeich., kartoniert. ●●

Do it yourself
Sanitärinstallationen
(1118-0) Von W. Kawlath, 96 Seiten, 214 Farbabbildungen, kartoniert. ●●

Do it yourself
Metall bearbeiten
(1119-9) Von O. Maier, 96 S., 230 Farbfotos,
6 s/w-Zeichnungen, kartoniert. ●●

Do it yourself
Elektroarbeiten
(0975-5) Von K. H. Schubert, 120 S., 193 Farbfotos, 40 Zeichnungen, kartoniert. ●●

Möbel im Designer-Stil
entwerfen und bauen
(1360-4) Von H.-W. Bastian, ca. 64 Seiten,
zahlr. Farbabbildungen, kartoniert. ●

Möbel für Kinderzimmer und Wohnbereich
(1456-2) Von H.-W. Bastian, 80 Seiten, vierfarbig, kartoniert. ●●

Schnitzen
Hölzer · Muster · Werkzeuge
(1414-7) Von O. Maier, ca. 64 Seiten, zahlr. Farbabbildungen, kartoniert. ●●

Modellbauelektronik
Fernsteuerungen für Autos, Schiffe, Flugzeuge
(1361-2) Von W. Kawlath, 80 Seiten, zahlr. Farbabbildungen, kartoniert. ●●

Alarmanlagen
für Wohnung, Haus, Auto
(1308-6) Von H.-W. Bastian, 64 Seiten, 81 Farbfotos, 32 Zeichnungen kartoniert. ●●

Solarstromanlagen
bauen und installieren
(1457-0) Von P. Röbke-Doerr, E. Steffens, ca. 80 Seiten, ca. 200 farbige Abbildungen, kartoniert. ●●

Hifi-Boxen
(1307-8) Von U. Hilgefort, 96 S., 160 Farbfotos, 49 Zeichnungen, kartoniert. ●●

Technik im Garten
Pumpen · Filter · Beleuchtung
(1238-1) Von H.-W. Bastian, 64 S., 90 Farbfotos, 17 Farbzeichnungen, kartoniert. ●●

Restaurieren von Möbeln
Stilkunde, Materialien, Techniken, Arbeitsanleitungen in Bildfolgen.
(4120-9) Von E. Schnaus-Lorey, 152 S., 37 Farbf., 75 s/w-Fotos, 352 Zeichn., Pappbd. ●●●●

Elektronik als Hobby
Von der Grundlagenschaltung zum integrierten Schaltkreis
Mit 8 wichtigen Universalplatinen
(4293-0) Von W. Priesterath, 264 S., 80 s/w-Fotos, 128 Zeichn., Pappband. ●●●●

Die Super-Sportwagen der Welt
(4423-2) Von H. G. Isenberg, 194 S., 184 Farbfotos, 4 farbige Ausklapptafeln, 32 s/w-Fotos, Pappband. ●●●●

Die Super-Rennwagen der Welt
(4707-X) Von H. G. Isenberg, 194 Seiten, 189 Farbf., 31 s/w-Fotos, Pappband. ●●●●

Die Super-Trucks der Welt
(4257-4) Von H. G. Isenberg, 194 Seiten, 205 Farbfotos, 87 s/w-Fotos, 7 Farbzeichn., 4 farbige Ausklapptafeln, Pappbd. ●●●●

Die Super-Motorräder der Welt
(4193-4) Von H. G. Isenberg, 192 Seiten, 170 Farb- und 100 s/w-Fotos, 8 Zeichnungen, Pappband. ●●●●

Die Super-Eisenbahnen der Welt
(4287-6) Von W. Kosak, H. G. Isenberg, 224 S., 269 Farbfotos, 79 s/w-Fotos, 8 Vignetten, 5 farbige Ausklapptafeln, Pappband. ●●●●

Die Super-Dampfloks der Welt
(4480-1) Von H. Faust, H. G. Isenberg, 194 Seiten, 193 Farbfotos, viele Ausklapptafeln, Pappband ●●●●

Plastikmodellbau
Autos, Schiffe, Flugzeuge in vollendeter Technik.
(1116-4) Von W. Kawlath, 96 Seiten, 272 Farbabbildungen, kartoniert. ●●

Spiele und Denksport

Spielbare Witze für Kinder
(0824-4) Von H. Schmalenbach, 112 Seiten, 30 Zeichnungen, kartoniert. ●

Neue spielbare Witze für Kinder
(1173-3) Von H. Schmalenbach, 96 Seiten, 31 Zeichnungen, kartoniert. ●

Scherzfragen, Drudel und Blödeleien
gesammelt von Kindern.
(0506-7) Hrsg. von W. Pröve, 80 Seiten, 57 Zeichnungen, kartoniert. ●

Spiele mit Papier und Bleistift
(2044-9) Von K.-H. Koch, ca. 96 Seiten, kartoniert. ●

Der Elefant in meiner Hand …
Fingerspiele
für Kinder vom Baby – bis zum Grundschulalter
(2043-0) Von G. Falkenberg, 72 Seiten, 146 Farbzeichnungen, kartoniert. ●

Kinderspiele
die Spaß machen
(2009-0) Von H. Müller-Stein, 104 Seiten, 28 Abbildungen, kartoniert. ●

Kinderspiele mit Buchstaben und Wörtern
(1041-9) Von Dr. U. Vohland, 96 Seiten, 54 Zeichnungen, kartoniert. ●

Spiel und Spaß am Krankenbett
für Kinder und die ganze Familie
(2035-X) Von H. Bücken, 96 Seiten, 97 Zeichnungen, kartoniert. ●

Spiele im Freien
(2038-4) Von G. Wagner, 88 S., 20 zweifbg.-Zeichnungen, kartoniert. ●

Spiel und Spaß zu Hause
(2039-2) Von U. Geißler, 80 S., 90 zweifbg. Abbildungen, kartoniert. ●

Spiel und Spaß auf Reisen
Für Kinder und die ganze Familie
(1085-0) Von U. Geißler, 80 S., 107 zweifbg.-Zeichnungen, kartoniert. ●

Kleine Spiele ganz groß
(1330-2) Von U. Vohland, 80 Seiten, 93 s/w-Zeichnungen, kart. ●

Entdeckungsspiele für die ganze Familie
Rallyes zu Fuß und mit dem Fahrrad
(1393-0) Von U. Vohland, 96 S., 117 Zeichnungen, kartoniert. ●●

Kinder spielen Theater
(4696-0) Von G. Walter, 160 S., 48 Farbfotos, 229 Farbzeichnungen, Pappband. ●●●

Guten Tag, Kinder!
Neue Texte mit Spielanleitungen fürs Kasperletheater.
(0861-9) Von U. Lietz, 96 S., 18 s/w-Zeichnungen, kartoniert. ●

Kasperletheater
Spieltexte und Spielanleitungen · Basteltips für Theater und Puppen.
(0641-1) Von U. Lietz, 114 Seiten, 4 Farbtafeln, 12 s/w-Fotos, 39 Zeichnungen, kartoniert. ●

Kindergeburtstage, die keiner vergißt
Planung, Gestaltung, Spielvorschläge.
(0698-5) Von G. und G. Zimmermann, 104 S., 80 Vignetten, kartoniert. ●

Kindergeburtstag
Vorbereitung, Spiel und Spaß.
(0287-4) Von Dr. I. Obrig, 136 S., 40 Abb., 11 Zeichn., 9 Lieder mit Noten, kart. ●●

Unvergeßliche Kindergeburtstage
(4705-3) Von G. Hennekemper, 176 S., 116 Farbfotos, 134 Farbzeichn., Pappband. ●●●

Unvergeßliche Kinderpartys
Tolle Ideen für Einladungen, Dekorationen und Spiele
(4756-8) Von V. Mirschel, 112 S., zahlreiche Farbfotos und -zeichnungen, gebunden. ●●●

Unvergeßliche Kinderfeste
Tolle Dekorationen, Spiele, Sketche für drinnen und draußen
(4457-7) Von G. Hennekemper, 192 S., 111 Farbfotos, 214 Farb- und 14 s/w-Zeichnungen, 4 S. Schnittmuster, Pappband. ●●●

Spielen mit den Allerkleinsten
(4691-X) Von S. Horak, 128 S., 47 Farbfotos, Pappband. ●●●

Lauter tolle Sachen, die Kinder gerne machen
(4731-2) Hrsg. U. Barff., 352 S., 117 Farbfotos, 778 Farbzeichnungen, Pappband. ●●●●

Das große bunte Spielebuch
für Kinder von 2 bis 6 Jahren
(4543-3) Von R. Grabbet, 160 S., 312 Farbabbildungen, Pappband. ●●●

Mein kunterbuntes Ratebuch
Rätselspiele mit Bildern und Wörtern für Kinder von 7 bis 10 Jahren
(4697-9) Von D. und R. Zey, ca. 144 Seiten, durchgehend vierfarbig, gebunden. ●●●

Neues Buch der siebzehn und vier Kartenspiele
(0095-2) Von K. Lichtwitz, 96 S., kartoniert. ●

Alles über Pokern
Regeln und Tricks.
(2024-4) Von C. D. Grupp, 112 S., 29 Kartenbilder, kartoniert. ●

Rommé und Canasta
in allen Variationen.
(2025-2) Von C. D. Grupp, 88 S., 24 Zeichnungen, kartoniert. ●

Doppelkopf, Schafkopf, Binokel, Cego, Tarock und andere Stammtischspiele.
(2015-5) Von C. D. Grupp, 112 S., kartoniert. ●

Das Skatspiel
Eine Fibel für Anfänger
(0206-1) Von K. Lehnhoff, 96 S., kartoniert. ●

Spielend Skat lernen
unter freundlicher Mitarbeit des Deutschen Skatverbandes
(2005-8) Von Th. Krüger, 120 Seiten, 181 s/w-Fotos, 22 Zeichnungen, kart. ●●

Patiencen
in Wort und Bild. (2003-1) Von I. Wolter-Rosendorf, 120 Seiten, kartoniert. ●

Neue Patiencen
(2036-8) Von H. Sosna, 160 Seiten, 43 Farbtafeln, kartoniert. ●

Spielend Bridge lernen
(2012-0) Von J. Weiss, 96 Seiten, 58 Zeichnungen, kartoniert. ●

Spieltechnik im Bridge
(2004-X) Von V. Mollo und N. Gardener, dt. Adaption von D. Schröder, 152 S., kart. ●●●

Neue Kartentricks
(2027-9) Von K. Pankow, 104 Seiten, 20 Abbildungen, kartoniert. ●

Das japanische Brettspiel Go
(2020-1) Von W. Dörholt, 104 S., 182 Diagramme, kart. ●

Spielend Go lernen
(2041-4) Von H. Otake, S. Futakuchi, 192 S., 615 s/w-Zeichnungen, kartoniert. ●●

Mah-Jongg
Das chinesische Glücks-, Kombinations- und Gesellschaftsspiel. (2030-9) Von U. Eschenbach, 80 S., 30 s/w-Fotos, 5 Zeichn., kart. ●

Backgammon
für Anfänger und Könner. (2008-2) Von G. W. Fink und G. Fuchs, 104 S., 41 Abb., kart. ●

Einführung in das Schachspiel
(0104-X) Von W. Wollenschläger und K. Colditz, 112 S., kartoniert. ●

Schach, das königliche Spiel
Von den Grundzügen zum strategischen Spiel.
(1105-9) Von T. Schuster, 192 S., 302 Diagramme, kart. ●●

Spielend Schach lernen
(2002-3) Von T. Schuster, 96 S., , kartoniert. ●

Kinder- und Jugendschach
Offizielles Lehrbuch des Deutschen Schachbundes zur Erringung der Bauern-, Turm- und Königsdiplome.
(0561-X) Von B. J. Withuis, H. Pfleger, 144 S., 220 Zeichnungen und Diagramme, kart. ●

Zug um Zug
Schach für jedermann 1
Offizielles Lehrbuch des Deutschen Schachbundes zur Erringung des Bauerndiploms.
(0648-9) Von H. Pfleger, E. Kurz, 80 Seiten, 24 s/w-Fotos, 8 Zeichnungen, 60 Diagramme, kartoniert. ●●

Zug um Zug
Schach für jedermann 2
Offizielles Lehrbuch des Deutschen Schachbundes zur Erringung des Turmdiploms.
(0659-4) Von H. Pfleger, E. Kurz, 128 Seiten, 7 s/w-Fotos, 13 Zeichnungen, 78 Diagramme, kartoniert. ●●

Zug um Zug
Schach für jedermann 3
Offizielles Lehrbuch des Deutschen Schachbundes zur Erringung des Königsdiploms.
(0728-0) Von H. Pfleger, G. Treppner, 128 S., 4 s/w-Fotos, 84 Diagr., 10 Zeichn., kart. ●●

Schach für Fortgeschrittene
Taktik und Probleme des Schachspiels
(0219-X) Von R. Teschner, 88 Seiten, 85 Diagramme, kartoniert. ●

Neue Schacheröffnungen
(0478-8) Von T. Schuster, 104 Seiten, 100 Diagramme, kartoniert. ●

Würfelspiele
für jung und alt. (2007-4) Von F. Pruss, 112 S., 21 s/w-Zeichnungen, kartoniert. ●

Roulette richtig gespielt
Systemspiele, die Vermögen brachten.
(0121-5) Von M. Jung, 96 S., zahlreiche Tabellen, kartoniert. ●

Spiele für Party und Familie
(2014-7) Von Rudi Carrell, 80 S., 22 Zeichnungen, kartoniert. ●

Neue Spiele für Ihre Party
(2022-8) Von G. Blechner, 120 S., 54 Zeichnungen, kartoniert. ●

Lustige Tanzspiele und Scherztänze
für Partys und Feste.
(0165-7) Von E. Bäulke, 80 S., 53 Abb., kart. ●

Das Spiel mit der Schwerkraft
Jonglieren
Mit Bällen, Keulen, Ringen und Diabolo.
(1009-5) Von S. Peter, 80 S., 149 Farbfotos, kartoniert. ●

Zaubern
einfach – aber verblüffend.
(2018-X) Von D. Bouch, 84 Seiten, 41 Zeichnungen, kartoniert. ●

Tips, Tricks und Gewinnstrategien für Game-Boy-Spiele
(1235-7) Von René Zey, 176 Seiten, 100 Zeichnungen, kartoniert. ●●

Neue Game-Boy-Spiele
Sport, Action und Adventure
(1325-6) Von R. Zey, 176 Seiten, 21 s/w-Zeichnungen, kartoniert. ●●

Alles über Super-Nintendo-Spiele
Technik, Tips und Facts
(1340-X) Von D. Mark, 104 S., zahlreiche Farbabbildungen, kartoniert. ●●

Das 3. Glücksrad Rätselbuch
(1391-4) 160 Seiten, kartoniert. ●●

Rätselspiele
Quiz- und Scherzfragen für gesellige Stunden
(1270-5) Von K. H. Schneider, ca. 80 Seiten, ca. 80 s/w-Abbildungen, kartoniert. ●

Knobeleien und Denksport
(2019-8) Von K. Rechberger, 142 Seiten, 105 Zeichnungen, kartoniert. ●

So feiert man Feste fröhlicher
Heitere Vorträge und Gedichte
(0098-7) Von Dr. Allos, 96 Seiten, 15 Abbildungen, kartoniert. ●

Die große Lachparade
Neue Texte für heitere Vorträge und Ansagen
(0188-6) Von E. Müller, 80 S., kartoniert. ●

Rat und Wissen

Der gute Ton
in Gesellschaft und Beruf.
(0063-4) Von I. Wolter, 80 S., 42 s/w-Fotos, 7 Zeichnungen, kartoniert. ●

Der gute Ton
im Privatleben.
(1111-3) Von I. Wolter, bearbeitet von Wolf Stenzel, 104 S., 42 s/w-Abbildungen, kart. ●

Umgangsformen heute
Die Empfehlungen des Fachausschusses für Umgangsformen.
(4015-6) 252 S., 108 s/w-Fotos, 17 Zeichnungen, Pappband. ●●●

Abc der modernen Umgangsformen
(4754-1) Von I. Wolff, ca. 300 Seiten, zahlreiche Abbildungen, gebunden. ●●●

Benehmen bei Tisch
(0988-7) Von I. Cording, 80 S., 90 Farbfotos, 5 s/w-Zeichnungen, kartoniert. ●●

Krawatten
Fliegen, Schals und Tücher gekonnt binden
(1072-9) Von Y. Thalheim, H. Nadolny, 48 S., 129 Farbfotos, 1 s/w-Foto, Pappband. ●

freundin
Farbberatung
Alle Farben, die Ihnen wirklich stehen
(4520-4) Von Chr. Buscher, 128 Seiten, 175 Farbfotos, Pappband. ●●●●

freundin
Das perfekte Make-up
(4727-4) Von M. Rüdiger, H. Kirchberger, G. Mergenburg, 128 Seiten, 271 Farbfotos, Pappband. ●●●●

freundin
Body Fitness
Der große Ratgeber
Diät · Pflege · Bräune · Gymnastk · Anti-Cellulite-Programm
(4758-4) Von M. Bückmann u.a., ca. 128 S., durchgehend vierfarbig, gebunden. ●●●●

freundin Ratgeber
Hochzeit feiern
(4702-2) Von C. von Hoerner-Nitsch, I. Weber, K. Riebartsch, C. von Bernuth, 128 Seiten, 188 Farbfotos, 28 s/w-Fotos, Pappbd. ●●●●

freundin
Typ & Frisur
(4695-2) Von E. Bolz, 128 S., 219 Farbfotos, Pappband. ●●●●

Gedichte, Reden und Sketche
für grüne, silberne u. goldene Hochzeitstage
(1269-1) Von F. Rieder, 160 S., durchgehend vierfarbig, Pappband. ●●

Von der Verlobung zur Goldenen Hochzeit
(0393-5) Von E. Runge, 112 Seiten, kartoniert. ●

Hochzeitszeitungen
Tolle Ideen für Leute von heute
(1379-5) Von Y. Thalheim, 80 S., 160 zweifbg. Abbildungen, kartoniert. ●●

Die Silberhochzeit
Vorbereitung · Einladung · Geschenkvorschläge · Dekoration · Festablauf · Menüs · Reden · Glückwünsche. (0542-3) Von K. F. Merkle, 112 S., 41 Zeichnungen, kartoniert. ●●

Geburtstagsfeiern für jedes Alter
Planung und Festgestaltung
(1382-5) Von S. Ahrndt, 120 S., 145 Farbfotos, 28 Farbzeichnungen, kartoniert. ●●

Geburt und Taufe feiern
Planung und Festgestaltung
(1443-0) Von S. Ahrndt, 112 Seiten, 46 Farbzeichn., kartoniert. ●●

Wie soll es heißen?
(0211-4) Von D. Köhr, 136 S., kartoniert. ●

Unsere beliebtesten Vornamen
(1023-0) Von A. F. W. Weigel, 160 Seiten, 75 s/w-Fotos, Pappband. ●●

Die schönsten Vornamen
(4755-X) Hrsg. Dr. D. Voorgang, ca. 208 Seiten, über 100 Farbzeichnungen, gebunden. ●

Kindergedichte, Lieder und Sketche für Hochzeitsfeiern
(1112-1) Von B. Lins, 72 Seiten, 26 farbige Abbildungen, 15 Lieder, kartoniert. ●

Neue Kindergedichte und Lieder für Hochzeitsfeste
(1431-7) Von A. Schweiggert, 80 S., 27 s/w-Zeichnungen, kartoniert. ●

Kindergedichte rund ums Jahr
(1040-0) Von A. Schweiggert, 80 Seiten, 49 Zeichnungen, 6 Vignetten, kartoniert. ●

Kindergedichte für alle Tage und Feste
Freu dich, daß noch Blumen sprießen . . .
(1489-9) Von G. Rudolf, 160 S., durchgehend zweifarbig, gebunden. ●●

Ins Gästebuch geschrieben
(0576-8) Von K. H. Trabeck, 96 Seiten, 24 Zeichnungen, kartoniert. ●

Der Verseschmied
Kleiner Leitfaden für Hobbydichter.
(0597-0) Von T. Parisius, 96 Seiten, 28 Zeichnungen, kartoniert. ●

Mach' dir einen Reim
Der moderne Verseschmied
(1433-3) Von G. Rudorf, 192 S., Pappband. ●●

Die schönsten Volkslieder
(0432-X) Hrsg. D. Walther, 128 S., mit Noten und Zeichnungen, kartoniert. ●

Alte und neue Wanderlieder
(1268-3) Von P. G. Walter, 96 S., zweifarbig, kartoniert. ●

Neue Glückwunschfibel
für groß und klein.
(0156-8) Von R. Christian-Hildebrandt, 96 S., 13 Vignetten, kartoniert. ●

Großes Buch der Glückwünsche
(0255-6) Hrsg. von O. Fuhrmann, 176 S., 77 Zeichnungen und viele Gestaltungsvorschläge, kartoniert. ●●

Wetter und Wind ändern sich geschwind
Beliebte Bauernregeln
(1267-5) Von G. Haddenbach, ca. 80 Seiten, ca. 30 zweifarbige Illustrationen, kart. ●

Beliebte Verse fürs Poesiealbum
Rosen, Tulpen, Nelken . . .
(0431-1) Von W. Pröve, 96 Seiten, 11 Faksimile-Abbildungen, kartoniert. ●

Verse fürs Poesiealbum
(0241-6) Von I. Wolter, 120 Seiten, 20 Abbildungen, kartoniert. ●

Heiter und besinnlich
Verse fürs Poesiealbum
(1069-7) Von B. H. Bull, 160 Seiten, 70 zweifarbige Illustrationen, Pappband. ●●

Klassische Verse und Zitate
Für Glückwünsche, Briefe, Reden und Poesiealben
(1223-3) Von P. Motzan, 224 Seiten, 40 Abbildungen, Pappband. ●

Die Kunst der freien Rede
Ein Intensivkurs mit vielen Übungen, Beispielen und Lösungen.
(4189-6) Von G. Hirsch, 232 Seiten, 11 Zeichnungen, Pappband. ●●●

Trinksprüche, Gästebuchverse, Richtsprüche
(0224-0) Von D. Kellermann, 96 Seiten, kartoniert. ●

Glückwünsche, Toasts und Festreden zu Polterabend und Hochzeit
(0264-5) Von I. Wolter, 112 Seiten, 18 Zeichnungen, kartoniert. ●

Trinksprüche und Festreden
(1321-3) Von L. Metzner, 144 S., 13 zweifarbige Zeichnungen, Pappband. ●●
Grußworte
für Gemeindefeiern, Vereinsjubiläen und
andere offizielle Anlässe
(4741-X) Von M. Adam, 192 S., Pappbd. ●●
Moderne Reden und Ansprachen
(4742-8) Von M. Adam, 464 Seiten,
Pappband. ●●●●
Reden zu Familienfesten
(0675-6) Von G. Georg, 112 S., kartoniert. ●
Reden im Verein
Musteransprachen für viele Gelegenheiten
(0703-5) Von G. Georg, 112 S., kartoniert. ●
Reden zum Jubiläum
Musteransprachen für viele Gelegenheiten
(0595-4) Von G. Georg, 112 S., kartoniert. ●
**Reden und Sprüche zu Grundsteinlegung,
Richtfest und Einzug**
(0598-0) Von A. Bruder, G. Georg, 96 Seiten,
kartoniert. ●
Die überzeugende Rede
Mehr Erfolg durch bessere Rhetorik
(0076-6) Von K. Wolter, G. Kunz, 96 Seiten,
kartoniert. ●
Moderne Korrespondenz
Handbuch für erfolgreiche Briefe
(4014-8) Von H. Kirst und W. Manekeller,
544 Seiten, Pappband. ●●●●
Musterbriefe
für alle Gelegenheiten.
(0231-9) Hrsg. von O. Fuhrmann, 240 Seiten,
kartoniert. ●●
Der moderne Brief
Geschäfts- und Privatkorrespondenz empfän-
gerorientiert schreiben
(1440-6) Von Dr. G. Reinert-Schneider, 112 S.,
44 s/w-Zeichn., kartoniert. ●●
Geschäftsbriefe
zeitgemäß und stilsicher
(1323-X) Von G. Briese-Neumann, 152 S.,
kartoniert. ●●
Geschäftliche Briefe
für Privatleute, Handwerker und Kaufleute
(0041-3) Von G. Briese-Neumann, ca. 120 S.,
kartoniert. ●
Einladungen texten und gestalten
(1484-8) Von R. Zey und A. Bellingen, ca. 80 S.,
kartoniert. ●
Privatbriefe
Muster für alle Gelegenheiten.
(0114-2) Von I. Wolter-Rosendorf, 112 S., kart. ●
Erfolgstips für den Schriftverkehr
Briefgestaltung · Rechtschreibung · Zeichen-
setzung · Stil. (0678-0) Von U. Schoenwald,
112 Seiten, kartoniert. ●
Behördenkorrespondenz
Musterbriefe · Anträge · Einsprüche
(0412-5) Von E. Ruge, 112 S., kartoniert. ●
Worte und Briefe der Anteilnahme
(0464-8) Von E. Ruge, M. Adam, 88 Seiten,
mit vielen Abbildungen, kartoniert. ●
Briefe zu Geburt und Taufe
Glückwünsche und Danksagungen. (0802-3)
Von H. Beitz, 96 S., 12 Zeichnungen, kart. ●
FALKEN Rechtsberater
Fallbeispiele · Musterbriefe · Gerichtsurteile
(4734-7) Hrsg. S. von Hasseln, 756 Seiten,
Pappband. ●●●●
**Alles, was man über Erziehungsgeld,
Mutterschutz, Erziehungsurlaub wissen
muß**
Das neue Recht für Eltern
(0835-X) Von K. Möcks, A. Schmitt, 144 S.,
kartoniert. ●
**Alles, was man über die nichteheliche
Lebensgemeinschaft wissen muß**
(1071-0) Von T. Drewes, 104 Seiten, 8 s/w-
Zeichnungen, kartoniert. ●●

Scheidung und Unterhalt
nach dem neuen Eherecht.
(0403-6) Von T. Drewes, 112 S., mit Kosten
und Unterhaltstabellen, kartoniert. ●●
**Alles, was man über
Eheverträge**
wissen muß
(1483-X) Von T. Münster, 128 Seiten,
kartoniert. ●●
**Alles, was man über Scheidung und
Unterhalt wissen muß**
(1264-0) Von T. Drewes, 128 Seiten,
kartoniert. ●●
Alles, was man über Renten wissen muß
Mit Rentenreformgesetz 1992
(1265-9) Von K. Möcks, A. Schmitt, 112 Seiten,
kartoniert. ●●
**Rasthaus-Ratgeber
Kinder haben keine Bremse**
Verkehrserziehung für Kinder ab 3 Jahren
(1497-X) Von H.-D. Barth, 80 S., durchgehend
vierfarbig, kartoniert. ●●
**Rasthaus-Ratgeber
Stop dem Autoklau**
Die wirksamsten Methoden gegen Autodieb-
stahl
(1485-6) Von M. Maurer, 64 Seiten, durch-
gehend vierfarbig, kartoniert. ●●
**Rasthaus-Ratgeber
Gebrauchtwagenkauf**
Auswahl · Bewertung · Kaufvertrag
(1498-8) Von U. Traub, 80 S., durch-
gehend vierfarbig, kartoniert. ●●
**Wolfgang Büsers Erfolgstips
Rentenreform '92**
(1244-6) Von W. Büser, 80 S., kartoniert. ●
**Wolfgang Büsers Erfolgstips
Teilzeitarbeit**
(1266-7) Von W. Büser, 80 S., kartoniert. ●●
**Wolfgang Büsers Erfolgstips
(Lohn-) Einkommensteuer '92**
Aktuell: Zinssteuer '93
(1324-8) Von W. Büser, 176 S., kartoniert. ●●
Vermögensbildung mit System
Anlageformen · Strategien · Praxistips
(1445-7) Von W. Schwanfelder, 160 Seiten,
kartoniert. ●●
**Alles, was man über
BAföG wissen muß**
(1387-6) Von A. Mengeringhausen, 144 Seiten,
kartoniert. ●●
Testament und Erbschaft
Erbfolge, Rechte und Pflichten der Erben, Erb-
schafts- und Schenkungssteuer, Mustertesta-
mente. (4139-X) Von T. Drewes, R. Hollender,
304 Seiten, Pappband. ●●●
Erbrecht und Testament
(0046-4) Von H. Wandrey, 124 S., kart. ●
**Alles, was man über Testament und Erb-
schaft wissen muß**
(0939-0) Von T. Drewes, 136 Seiten, 9 s/w-
Zeichnungen, kartoniert. ●●
Mietrecht
Leitfaden für Mieter und Vermieter
(0479-6) Von J. Beuthner, 196 S., kart. ●●
Haushaltstips
praktisch und umweltfreundlich
(1046-X) Von A. Winkell, 96 Seiten, 36 Zeichnungen, kartoniert. ●●
Texte für den Anrufbeantworter
(1389-2) Von G. Kunz, 80 S., 12 s/w-Zeich-
nungen, kartoniert. ●
**Alles, was man über den Umgang mit
Behörden wissen muß**
(1390-6) Von K. Möcks, A. Schmitt, 132 Seiten,
kartoniert. ●●
Wege zum Börsenerfolg
Aktien · Anleihen · Optionen
(4275-2) Von H. Krause, 252 S., 4 s/w-Fotos,
86 Zeichnungen, Pappband. ●●●●

Wörter und Unwörter
Sinniges und Unsinniges der deutschen
Gegenwartssprache
(1401-7) Hrsg. Gesellschaft für deutsche
Sprache, 176 Seiten, kartoniert. ●●●
Richtige Groß- und Kleinschreibung
durch neue, vereinfachte Regeln. Erläuterun-
gen der Zweifelsfragen anhand vieler Bei-
spiele.
(0897-X) Von Prof. Dr. Ch. Stetter, 96 Seiten,
kartoniert. ●
Gutes Deutsch schreiben und sprechen
(4432-1) Von W. Manekeller, Dr. G. Reinert-
Schneider, 416 S., durchgehend zweifarbig,
Pappband. ●●●●
**Mehr Erfolg in der Schule
Deutsche Rechtschreibung und
Grammatik**
Übungen und Beispiele für die Klassen 5–10.
(4407-0) Von K. Schreiner, 256 S., durchge-
hend zweifarbig, Pappband. ●●●●
Diktate besser schreiben
Übungen zur Rechtschreibung für die Klassen
4 bis 8
(0469-9) Von K. Schreiner, 152 S., 31 Zeich-
nungen, kartoniert. ●●
Deutsche Grammatik
Ein Lern- und Übungsbuch
(0704-3) Von K. Schreiner, 122 S., kart. ●●
Aufsätze besser schreiben
Förderkurs für die Klassen 4–10
(0429-X) Von K. Schreiner, 144 Seiten,
31 Abb., kartoniert. ●●
**Mehr Erfolg in der Schule
Der Deutschaufsatz**
Übungen und Beispiele für die Klassen 5–10.
(4271-X) Von K. Schreiner, 240 S., 4 s/w-
Fotos, 51 Zeichnungen, Pappband. ●●●●
**Mehr Erfolg in der Schule
Deutsch**
Textinterpretation, Literaturgeschichte und
Stilkunde
(4483-6) Von K. Schreiner, 272 S., 43 zwei-
farbige Zeichnungen, Pappband. ●●●●
Gedächtnistraining mit Eselsbrücken
(1388-4) Von W. Ettig, 96 S., 36 s/w-Zeich-
nungen, kartoniert. ●●
Geschichte
Von der Französischen Revolution bis zur
Gegenwart
(4723-1) Von K. Schreiner, 256 S., 50 s/w-
Fotos, 10 Farbzeichnungen, 6 zweifarbige
Landkarten, Pappband. ●●●●
Geographie
Natürliche Grundlagen · Gestaltung der
Umwelt · Die Staaten der Erde
(4724-X) Von V. Disch, 256 S., ca. 40 Karten
und Grafiken, Pappband. ●●●●
**Mehr Erfolg in der Schule
Mathematik 1**
Arithmetik und Algebra. Übungen, Beispiele
und Lösungen für die Klassen 5 bis 10.
(4420-8) Von R. Müller-Fonfara, 256 Seiten,
193 Zeich., 2 s/w-Fotos, Pappband. ●●●●
**Mehr Erfolg in der Schule
Mathematik 2**
Geometrie, Statistik, Wahrscheinlichkeitsrech-
nung und kaufmännisches Rechnen
(4456-9) Von R. Müller-Fonfara, 304 Seiten,
256 Seiten, 6 s/w-Fotos, 304 Zeichnungen,
Pappband. ●●●●
**Mathematische Formeln für Schule und
Beruf**
Mit Beispielen und Erklärungen.
(0499-0) Von R. Müller-Fonfara, 156 Seiten,
210 Zeichnungen, kartoniert. ●●
Schülerlexikon der Mathematik
Formeln, Übungen und Begriffserklärungen
für die Klassen 5–10
(0430-3) Von R. Müller-Fonfara, 176 Seiten,
96 Zeichnungen, kartoniert. ●●

6

Mehr Erfolg in der Schule
Mathematik 3
Analysis, analytische Geometrie und lineare
Algebra
(4541-7) Von R. Müller-Fonfara, W. Scholl,
240 Seiten, 140 zweifarbige Grafiken, Pappband.●●●●

Mehr Erfolg in der Schule
Mathematik 4
Für die Klassen 11 bis 13
(4701-0) Von R. Müller-Fonfara, W. Scholl,
240 Seiten, 91 Zeichnungen, 3 s/w-Fotos,
Pappband. ●●●●

Mathematik-Textaufgaben leicht gelöst
Aufgaben · Lösungsstrategien · Anwendungs-
beispiele
(1022-2) Von R. Müller-Fonfara, 128 Seiten,
4 Zeichnungen, kartoniert. ●●

Rechnen aufgefrischt für Schule und Beruf.
(0100-2) Von H. Rausch, 144 S., kartoniert. ●

Besseres Englisch
Grammatik und Übungen für die Klassen
5 bis 10.
(0745-0) Von E. Henrichs, 144 S., kart. ●●

Mehr Erfolg in der Schule
Englisch
Textinterpretationen
(4518-2) Von E. Heinrichs-Kleinen, 256 S.,
Pappband.●●●●

Mehr Erfolg in der Schule
Englische Grammatik
Regeln und Übungen für die Klassen 5 bis 13
(4431-3) Von E. Henrichs-Kleinen, 256 S.,
durchgehend zweifarbig, Pappband. ●●●●

Besseres Französisch
Grammatik und Übungen für die Klassen
9 bis 11
(1039-7) Von R. Lübke, 114 S., durchgehend
zweifarbig, kartoniert. ●●

Mehr Erfolg in der Schule
Französische Grammatik
Für die Klassen 7 bis 13
(4703-7) Von R. Lübke, ca. 256 S., durch-
hend zweifarbig, Pappband. ●●●●

Schnell und sicher zum Führerschein
Tips und Tricks aus 30jähriger-Fahrlehrer-
Praxis.
(1232-2) Von O. Einert, 152 S., 156 Farbfotos,
161 z.T. farb. Zeichnungen, kartoniert. ●●

**Die aktuellen Prüfungsfragen und
Prüfungsbogen für den Führerschein
Klasse 3**
(1490-2) 104 Seiten, 371 Farbfotos, kart. ●●

Der Test-Knacker bei Führerscheinverlust
(1262-4) Von T. Rieh, 128 S., kartoniert. ●●

**Erfolgreiche Bewerbung um einen
Ausbildungsplatz**
(0715-9) Von H. Friedrich, 128 S., kartoniert. ●

Bewerbungsstrategien
Erfolgreiche Konzepte für Karrierebewußte
(1027-3) Von Dr. W. Reichel, 128 S., kart. ●●

Karriereplanung mit System
Bewerbungsstrategien für Frauen
(4455-0) Von R. Ibelgaufts, 144 Seiten,
20 Cartoons, Pappband. ●●

Die Bewerbung
Der moderne Ratgeber für Bewerbungsbriefe,
Lebenslauf und Vorstellungsgespräche.
(4138-1) Von M. Manekeller, 264 Seiten,
Pappband. ●●●

Die erfolgreiche Bewerbung
Bewerbung und Vorstellung
(0173-8) Von M. Manekeller, U. Schoenwald,
144 Seiten, kartoniert. ●●

Lebenslauf und Bewerbung
Beispiele für Inhalt, Form und Aufbau
(0428-1) Von H. Friedrich, 112 S., kartoniert. ●

Bewerbungsbriefe und Stellengesuche
Für handwerkliche, gewerblich-technische
und kaufmännische Berufe
(0138-X) Von Dr. W. Reichert, 96 S., kart. ●

Das überzeugende
Vorstellungsgespräch
Erfolgreiche Strategien für den ersten
Eindruck
(1261-6) Von R. Ibelgaufts, 144 S., kart. ●●

Vorstellungsgespräche
sicher und erfolgreich führen.
(0636-5) Von H. Friedrich, 144 Seiten, kart. ●

Einstellungstests und andere
Methoden der Bewerberauswahl
(1263-2) Von Dr. R. Hilke, H. Hustedt, 160 S.,
27 Zeichnungen, kartoniert. ●●

Keine Angst vor Einstellungstests
Ein Ratgeber für Bewerber.
(0793-6) Von Ch. Titze, 120 Seiten, 67 Zeichnungen, kartoniert. ●

Assessment Center
Erfolgstips und Übungen für Bewerber
(1385-X) Von H. Beitz und A. Loch, ca. 128 S.,
kartoniert. ●●

Berufsstart für Hochschulsolventen
Erfolgsstrategien für Bewerbung und Vorstellung
(1482-1) Von Dr.W. Reichel, ca. 144 S., kart. ●●

freundin Ratgeber
Psychoterror am Arbeitsplatz
Mobbing
(1434-1) Von B. Huber, 160 S., kartoniert. ●●

freundin Ratgeber
Frau mit Kind
Leitfaden für Alleinerziehende
(1476-7) Von G. Teusen, ca. 144 S., kart. ●●

freundin
**Kind und Beruf:
(K)ein Problem**
(1322-1) Von I. Weber, 168 Seiten, 14 Zeichnungen, kartoniert. ●●

freundin Ratgeber
**Neu im Job:
So überzeugen Sie**
(1259-4) Von G. Teusen, 160 S., kart. ●●

Die ersten Tage am neuen Arbeitsplatz
Ratschläge für den richtigen Umgang mit
Kollegen und Vorgesetzten
(0855-4) Von H. Friedrich, 104 Seiten, kart. ●

Zeugnisse im Beruf
richtig schreiben, richtig verstehen
(0544-X) Von H. Friedrich, 112 Seiten, kart. ●

Arbeitszeugnisse
verstehen und interpretieren
(1444-9) Von A. Nasemann, 136 S., kart. ●●

So lernt man leicht und schnell
Maschinenschreiben
Lehrbuch für Schulen, Lehrgänge und Selbstunterricht.
(0568-7) Von M. Kempkes, 112 S.,
48 Zeichnungen, kartoniert. ●

FALKEN-Software
**Maschinenschreiben und Tastatur-
training für Computer**
(7009-8) Von B. Hoppius, Diskette 5 1/4' u.
3 1/2' für IBM-PC + Kompatible, mit Begleit-
heit. ●●●●●*

Leicht und schnell gelernt
Maschinenschreiben im Selbstunterricht
(0170-3) Von O. Fonfara, 88 S., kartoniert.●

Buchführung leicht gemacht
Ein methodischer Grundkurs für den Selbst-
unterricht **(4238**-8) Von D. Machenheimer,
R. Kersten, 252 Seiten, Pappband. ●●●●

Buchführung leicht gefaßt
Für Handwerker, Gewerbetreibende und
freiberuflich Tätige.
(0127-4) Von R. Pohl, 104 S., kartoniert. ●

Stenografie leicht gelernt
im Kurus oder Selbstunterricht
(0266-1) Von H. Kaus, 64 S., kartoniert. ●

Gitarre spielen
Ein Grundkurs für den Selbstunterricht
(0534-2) Von A. Roßmann, 96 S., 1 Schall-
folie, 150 Zeichnungen, kartoniert. ●●

FALKEN & HOHNER: Workshop Musik
Gitarre spielen
Folk, Blues, Pop, Rock auf der akustischen
Gitarre
(1437-6) Von R. Ruß, ca. 80 S., Begleit-CD ca.
60 Min. Spieldauer, zahlreiche Illustrationen
und Fotos, kartoniert. ●●●●

FALKEN & HOHNER: Workshop Musik
Keyboard spielen
Pop & Rock
Für Anfänger und Wiedereinsteiger
(1435-X) Von M. Lonardoni, ca. 80 Seiten,
Begleit-CD, ca. 60 Min. Spieldauer, zahl-
reiche Illustrationen und Fotos,
kartoniert. ●●●●

FALKEN & HOHNER: Workshop Musik
Singen
In Chor, Singgruppe und solo
Für Anfänger und Wiedereinsteiger
(1436-8) Von W. Layer, ca. 80 S., Begleit-CD
ca. 60 Min. Spieldauer, zahlreiche Illustrationen und Fotos, kartoniert. ●●●●

Faszinierendes Erlebnis
Tierwelt
(4706-1) Von U. und W. Dolder, 196 Seiten,
314 Farbzeichnungen, Pappband. ●●●●

Das große Buch der
Antworten auf Kinderfragen
(4477-1) Von H. Hofmann, U. Kopp,
G. Jankovics u.a., 192 Seiten, 308 Farbzeichnungen, Pappband. ●●●

FALKEN LEXIKON
Das Wissen unserer Zeit
(4736-3) Hrsg. Lexikographisches Institut,
1008 Seiten, 681 Farbfotos, 1142 Farbzeichn.,
Pappband. ●●●●

Das neue, farbige
Jugendlexikon
(4472-0) Von J. Frey, D. Rex, 304 Seiten,
269 und 52 s/w-Fotos, 6 Farbzeichnungen,
Pappband. ●●●

Das große farbige **Kinderlexikon**
(4195-0) Von U. Kopp, 320 S., 493 Farbabbildungen, 17 s/w-Fotos, Pappband.
●●●●

Kinder-Überraschung
(1499-6) Von M. Semmel, ca. 80 Seiten,
durchgehend vierfarbig, kartoniert. ●●

Briefmarken sammeln
(0481-8) Von D. Stein, 120 S., 4 Farbtafeln,
98 s/w-Abbildungen, kartoniert. ●

Telefonkartenlexikon für Sammler
(1406-6) Von M. Burzan, ca. 160 Seiten,
zahlreiche Farbabbildungen,
kartoniert. ●

Telefonkarten sammeln
Serien · Preise · Sammeltips
(1326-4) Von M. Burzan, 128 S., 251 Farbfotos, kartoniert. ●

Die Handschrift als Spiegel des Charakters
Graphologie
(1025-7) Von Dr. W. Busch, 104 S., 87 Schriftproben, kartoniert. ●

**Familienforschung · Ahnentafel ·
Wappenkunde**
Wege zur eigenen Familienchronik
(0744-2) Von P. Bahn, 128 S., 4 Farbtafeln,
30 Abbildungen, kartoniert. ●●

Familienforschung und Wappenkunde
(4485-2) Von P. Bahn, ca. 114 zweifarbige Abbildungen, Pappband. ●●●●●

freundin Ratgeber
Frauen allein auf Reisen
(1260-8) Von H. Guilino, 192 S., 7 Zeichnungen, kartoniert. ●●

Brain Building
Das Supertraining für Gedächtnis, Logik,
Kreativität
(4704-5) Von M. vos Savant, 256 Seiten,
Pappband. ●●●

Traumdeutung
Die Bildersprache unserer Traumwelt
entschlüsseln
(4486-0) Von G. Fink, 384 Seiten, 74 zweifarbige Fotos, Pappband. ●●●●

Kinderträume
Ein Ratgeber für Eltern
(4505-0) Von G. Fink, 176 S., 6 s/w-Zeichnun-
gen, Pappband. ●●●

Wahrsagen
mit den Karten der Madame Lenormand
(1328-0) Von B. A. Mertz, 108 Seiten, 39 s/w-
Abbildungen, kartoniert. ●●

Die 12 Tierzeichen
Chinesisches Horoskop
(0423-0) Von G. Haddenbach, 88 Seiten,
kartoniert. ●

Partnerschaftshoroskop
Glück und Harmonie mit Ihrem Traumpartner.
(0587-3) Von G. Haddenbach, 112 Seiten,
11 Zeichnungen, kartoniert. ●

Im Zeichen der Sterne
(0951-8) Der feurige Widder
(0952-6) Der willensstarke Stier
(0953-4) Die vielseitigen Zwillinge
(0954-2) Der feinfühlige Krebs
(0955-0) Der königliche Löwe
(0956-9) Die zuverlässige Jungfrau
(0957-7) Die charmante Waage
(0958-5) Der leidenschaftliche Skorpion
(0959-3) Der temperamentvolle Schütze
(0960-7) Der treue Steinbock
(0961-5) Der selbstbewußte Wassermann
(0962-3) Die romantischen Fische
Von G. Haddenbach, 64 Seiten, 35 Farbfotos,
Pappband. ●

Das neue FALKEN
Computerlexikon
(4356-2) Von Dr. B. Kopp, 336 S., 121 s/w-
Fotos, 184 Computergrafiken, Pappbd. ●●●●

Computer-Grundwissen
Eine Einführung in Funktion und Einsatzmög-
lichkeiten
(4359-7) Von Chr. T. Wolff, 176 S., 182 Farbfotos, kartoniert.●●●●
(4358-9) Pappband.●●●●

Der PC
(4732-0) Von U. u. H. Freund, 336 Seiten,
386 Farbfotos, Pappband. ●●●●

freundin
Das Computerbuch für Frauen
(4372-4) Von M. Thiel, 176 S., 102 Farbfotos,
73 Zeichnungen, Pappband. ●●●●

**Desktop Publishing: Typografie und
Layout** Seiten gestalten am PC · für Einsteiger und Profis
(4330-9) Von Dr. H. D. Baumann, M. Klein,
320 S., zahlreiche zweifarbige Abbildungen,
Pappband.●●●●

PC HELP!
Wissenschaftliche Texte mit Word 5.5
(4360-0) Von P. Vogel, 80 S., 34 zweifarbige
Screenshots, kartoniert. ●●

PC HELP!
**Praktische Computernutzung
mit Works 2.0**
(4369-4) Von A. Görgens, 72 Seiten, 64 zweifarbige Screenshots, kartoniert. ●●

PC HELP!
DFÜ mit dem PC
(4370-8) Von M. Hofmann, 88 Seiten,
41 zweifarbige Screenshots, kartoniert. ●●

PC HELP!
Zeichnen mit dem PC
(4361-9) Von M. Hofmann, 88 S., 57 zweifarbige Screenshots, kartoniert. ●●

PC HELP!
Präsentation mit dem PC
(4368-6) Von M. Hofmann, 96 S., 47 zweifarbige screenshots, kartoniert. ●●

PC HELP!
CONFIG. SYS. und AUTOEXEC. BAT
Optimale Systemkonfiguration
(4338-4) Von A. Görgens, 64 S., ca. 50 s/w-
Abbildungen und Grafiken, kartoniert. ●●

PC HELP!
DOS-Kommandos richtig nutzen
(4339-2) Von A. Görgens, 64 S., ca. 50 s/w-
Abbildungen und Grafiken, kartoniert. ●●

PC HELP!
Die ersten Schritte mit dem PC
(4344-9) Von P. Vogel, H. Ebsen, 64 S.,
ca. 50 s/w-Abb. und Grafiken, kartoniert. ●●

PC HELP!
Mehr Speicher unter DOS nutzen
(4345-7) Von K. O. Kuhl, 64 S., ca. 50 s/w-
Abbildungen und Grafiken, kartoniert. ●●

PC HELP!
Viren erkennen und beseitigen
(4346-5) Von M. Hofmann, 64 S., ca. 50 s/w-
Abbildungen und Grafiken, kartoniert. ●●

DTP-Lexikon für die Praxis
(4373-2) 136 S., 55 s/w-Fotos, kart. ●●●

Gestalten mit Pagemaker für Windows
(4375-9) Von M. Hofmann, R. Titius, 116 S.,
53 zweifbg. screenshots, kartoniert. ●●

Präsentationsprogramme richtig nutzen
(4376-7) Von M. Hofmann, 96 S., 60 zweifarbige screenshots, kartoniert. ●●

Datenaustausch 1
(4378-3) Von M. Hofmann, 104 Seiten,
63 zweifarbig. screenshots, kartoniert. ●●

Datenaustausch 2
(4379-1) Von M. Hofmann, 96 S., 34 zweifarbige screenshots, kartoniert. ●●

**Update
MS-DOS 6.0**
Beilage: Kurzreferenz
(4385-6) Von M. Hofmann, 136 S., 55 s/w-
Fotos, kartoniert. ●●●

PC-Pannen selbst beheben
Hardware · Software
(4383-X) Von M. Hofmann, 144 S., kart. ●●●

Windows für Workgroups
(4381-3) Von P. Vogel, 80 S., 40 Screenshots,
kartoniert. ●●

Essen und Trinken

Rezepte für 1 Person
(1294-2) Hrsg. M. Sauerborn, 64 S., 75 Farbfotos, kartoniert. ●

Schnell und individuell
Die raffinierte Single-Küche
(4266-3) Von F. Faist, 160 S., 151 Farbfotos,
Pappband. ●●●●●

Frischer Fang aus Fluß und Meer
Fisch
(0964-X) Von L. Grieser, 48 S., 52 Farbfotos,
Pappband. ●●

Fischgerichte
(1448-1) Hrsg.: S. Koch, 64 S., ca. 50 Farbfotos, kartoniert. ●

Zart und edel
Lachs
(1403-1) Von H. Imhof, 64 S., 49 Farbfotos,
Pappband. ●

Geflügelgerichte
(1348-1) Hrsg. E. Meyer zu Stieghorst, 64 S.,
71 Farbfotos, kartoniert. ●

Gaumenfreuden Tag für Tag
Pfannengerichte
(1007-9) Von S. Fabke, 64 S., 54 Farbfotos,
Pappband. ●●

Köstliches für Genießer
Fleischgerichte
(4699-5) Von F. Stein, 144 S., ca. 100 Farbfotos, gebunden. ●●●

Schnitzel, Steaks & Co.
(1417-1) Von N. Frank, 64 Seiten, 68 Farbfotos, kartoniert. ●

Köstliches aus dem Tontopf
(1332-9) Hrsg. S. Kieslich, 64 Seiten, 55 Farbfotos, kartoniert. ●

Suppen und Eintöpfe
(1449-X) Hrsg.: S. Koch, 64 S., ca. 50 Farbfotos, kartoniert. ●

Aus eigener Küche
Gute Wurst
(0948-8) Von J. Bessel, G. Quaas, 80 Seiten,
8 Farbtafeln, kartoniert. ●

Aus lauter Lust und Liebe
Knoblauch
(0867-8) Von L. Reinirkens, 64 S., 45 Farbfotos, Pappband. ●

Bintje, Irmgard und Sieglinde
Kartoffeln
(1032-X) Von S. Fabke, 64 S., 43 Farb- und
1 s/w-Foto, Pappband. ●

Kartoffelgerichte
(1297-7) Hrsg. I. Feldhaus, 64 S., 64 Farbfotos, kartoniert. ●

Nudelgerichte
(1293-4) Hrsg. E. Fuhrmann, 64 S., 66 Farbfotos, kartoniert. ●

Pasta in Höchstform
Nudeln
(0884-0) Von M. Kirsch, 64 S., 62 Farbfotos,
Pappband. ●●

Spezialitäten unter knuspriger Decke
Aufläufe
(0882-1) Von C. Adam, 48 S., 33 Farbfotos,
Pappband. ●●

Aufläufe
(1295-0) Hrsg. E. Fuhrmann, 64 S., 62 Farbfotos, kartoniert. ●

Die Krönung der feinen Küche
Saucen
(0817-1) Von G. Cavestri, 48 S., 40 Farbfotos,
Pappband. ●●

Gemüsegerichte
(1347-7) Hrsg. E. Fuhrmann, 64 S., 58 Farbfotos, kartoniert. ●

Gemüseaufläufe
(1365-5) Hrsg. E. Fuhrmann, 64 S., 58 Farbfotos, kartoniert. ●

Die schönsten Rezepte für
Frühstück und Brunch
(1063-X) Von K. Kruse-Schorling, 80 Seiten,
8 Farbtafeln, kartoniert. ●

Schnelle Küche
Für 2 Personen
(4718-5) freundin-Kochstudio, 80 Seiten,
105 Farbfotos, Pappband. ●●

Kochen auf der richtigen Welle im
Grill-Mikrowellengerät
(1395-7) Von T. Peters, 96 S., 79 Farbfotos,
kartoniert. ●●

Fritieren
(1350-7) Hrsg. I. Teitge, 64 S., 62 Farbf., kart. ●

Schnell auf den Tisch gezaubert
Kochen mit Mikrowellen
(0818-X) Von A. Danner, 64 S., 52 Farbfotos,
Pappband. ●●

Italienische Vorspeisen **Antipasti**
(1006-0) Von S. Reiter-Westphal, 64 S.,
47 Farbfotos, Pappband. ●

Mexikanische Küche
(1439-2) Von C. Zingerling, 64 S., ca. 50 Farbfotos, kartoniert. ●

Italienische Küche
(1299-3) Hrsg. E. Fuhrmann, 64 S., 65 Farbfotos, kartoniert. ●

Schlemmerreise durch die
Italienische Küche
(4172-1) Von V. Pifferi, 160 S., 109 Farbfotos,
Pappband. ●●●●

Spaghetti, Tagliatelle + Co.
Pasta all'Italiana
(**1004**-4) Von I. Seyric, 64 S., 57 Farbfotos,
Pappband. ●●

Pizza
(**1352**-3) Hrsg. M. Sauerborn, 64 S., 72 Farbfotos, kartoniert. ●

Tradition mit Charme
Wiener Spezialitäten
(**1343**-4) Von G. Scolik, 64 S., 46 Farbfotos,
Pappband. ●●

Schlemmerreise durch die
Französische Küche
(**4296**-5) Von H. Imhof, 160 S., 147 Farbfotos,
3 s/w-Fotos, Pappband. ●●●●

Schlemmerreise durch die
Spanische Küche
(**4500**-X) Von A. Puente, 160 S., ca. 120 Farbfotos, Pappband. ●●●●

Vom Bosporus zum Ararat
Türkische Spezialitäten
(**1191**-1) Von S. Dogan, 64 S., 44 Farbfotos,
Pappband. ●●

Indische Küche
(**1404**-X) Von C. Zingerling, 64 S., 64 Farbfotos, kartoniert. ●

Schlemmerreise durch die
Thailändische Küche
(**4722**-3) Von C. Zingerling, 144 Seiten,
164 Farbfotos, Pappband. ●●●●

Köstlich fernöstliche
Asiatische Spezialitäten
(**1286**-1) Von M. Carroll, E. Mognol, 64 S.,
49 Farbfotos, Pappband. ●

Chinesische Küche
(**1289**-6) Hrsg. M. Sauerborn, 64 S., 73 Farbfotos, kartoniert. ●

Schlemmerreise durch die
Chinesische Küche
(**4184**-5) Von K. H. Jen, 160 S., 117 Farbfotos,
Pappband. ●●●

Gerichte aus dem
Wok
(**1291**-8) Hrsg. M. Sauerborn, 64 S., 76 Farbfotos, kartoniert. ●

Mit Lust und Liebe **Chinesisch Kochen**
(**4441**-0) Von Ho Fu-Lung, Uli Franz,
176 Seiten, 189 Farbfotos, 29 Zeichnungen,
Pappband. ●●●

Fernöstliche Küche
(**1384**-1) Hrsg. R. Faller, 64 S., 73 Farbfotos,
kartoniert. ●

Rezepte für Tisch- und Gartengrill
(**1351**-3) Hrsg. V. Müller, 64 S., 59 Farbfotos,
kartoniert.●

Braten auf dem heißen Stein
(1300-0) Hrsg. R. Donhauser, 64 S., 56 Farbfotos, kartoniert. ●

Rezepte rund um **Raclette** und
Doppeldecker
(**0420**-6) Von J. W. Hochscheid, 72 S., 8 Farbtafeln, kartoniert. ●

Schlemmen in geselliger Runde
Fleischfondues
(**0966**-6) Von M. Spötter, 64 S., 62 Farbfotos,
kartoniert. ●

Fondues und Raclettes
(**4253**-1) Von F. Faist, 160 S., 125 Farbfotos,
Pappband. ●●●●

Fondues
(**1298**-5) Hrsg. E. Meyer zu Stieghorst, 64 S.,
69 Farbfotos, kartoniert. ●

Rezepte fürs Raclette
(**1290**-X) Von S. Kieslich, 64 Seiten, 59 Farbfotos, kartoniert. ●

Raclette-Spezialitäten
(**0881**-3) Von F. Faist, 48 S., 33 Farbfotos,
Pappband. ●

Knackige Salate
(**1441**-4) Hrsg.: S. Kieslich, 64 S., ca. 50 Farbfotos, kartoniert. ●

Gartenfrisch genießen
Feine Salate
(**4450**-X) Von P. Nikolay, 160 S., 122 Farbfotos, Pappband. ●●●●

Köstliche Salate
zum Verwöhnen
(**0222**-X) Von Chr. Schönherr, 96 S., 8 Farbtafeln, 30 Zeichnungen, kartoniert. ●

Salate
(**1346**-9) Hrsg. E. Furhmann, 64 S., 62 Farbfotos, kartoniert. ●

Frisch und leicht als Hauptgericht
Schlemmersalate
(**0934**-8) Von C. Adam, 64 S., 49 Farbfotos,
kartoniert. ●●

Gesund und vielseitig **Alles mit Joghurt**
täglich selbstgemacht, mit vielen Rezepten
(**0382**-6) Von G. Volz, 64 S., 8 Farbtafeln,
kartoniert. ●

Marmeladen, Gelees und Kompotte
(**1442**-2) Hrsg.: F. Stein, 64 S., ca. 50 Farbfotos, kartoniert. ●

Gesunde Ernährung für mein Kind
(**0776**-6) Von M. Bustorf-Hirsch, 112 Seiten,
8 Farbtafeln, 5 s/w-Zeichnungen,
kartoniert. ●●

Eßschule
Gesunde Ernährung für Kinder im Grundschulalter
(**1314**-0) Von A. Roßmeier, 80 Seiten,
44 Farbfotos, 50 farbige Vignetten, Pappband. ●●

Lieblingsgerichte für Kinder
Mit Sonderteil: Gesunde Kost für Babys ab
6 Monaten
(**4497**-6) Von G. Righi-Spanfellner, 112 S.,
27 Farbzeichnungen, Pappband. ●●●

Das essen Kinder gern
(**1405**-8) Hrsg. S. Faust, 64 S., 80 Farbfotos,
kartoniert. ●

Mit Lust und Liebe . . .
Vollwertküche für Genießer
(**4412**-4) Von Prof. Dr. C. Leitmann,
H. Million, 256 Seiten, 329 Farbfotos,
Pappband. ●●●●

Vegetarisch kochen und genießen
Alle Gerichte für 2 Personen
(**4715**-0) Von Prof. Dr. C. Leitmann,
K. Dittrich, C. u. G. Kurz, 128 S., 132 Farbfotos,
Pappband. ●●●●

Das große FALKEN
Vitaminkochbuch
für Genießer
(**4714**-2) Von Prof. Dr. troph. M. Hamm,
A. Roßmeier, 208 S., 224 Farbfotos,
Pappband. ●●●●

**Schmackhafte Vollwertkost ohne
tierisches Eiweiß**
(**0993**-3) Von M. Bustorf-Hirsch, 96 Seiten,
54 Farbfotos, kartoniert. ●●

Cholesterinarm kochen und genießen
(**4442**-9) Von R. Unsorg, 168 S., 132 Farbfotos, kartoniert. ●●●●

Die aktuelle **Cholesterintabelle**
(**1088**-5) Von Dr. H. Oberritter, 84 Seiten,
12 zweifarbige Grafiken, kartoniert. ●

**Die aktuelle Vitamin- und
Mineralstofftabelle**
Mit Angaben zu den wichtigsten Vitaminen
und Mineralstoffen
(**1110**-5) Von Dr. H. Oberritter, 88 Seiten,
1 zweifarbige Grafik, kartoniert. ●

Die aktuelle E-Zusatzstoff-Tabelle
Über 750 Angaben zu Herkunft, Verwendung
und möglichen Nebenwirkungen
(**1233**-0) Von T. Pilgram, E. Dahl, 80 Seiten,
zweifarbig, kartoniert. ●

Vollwertküche für Diabetiker
Köstlich kochen und backen für die ganze
Familie
(**4473**-9) Von Prof. Dr. C. Leitzmann, Prof. Dr.
H. Laube, H. Million, 168 S., 172 Farbfotos,
8 Zeichnungen, Pappband. ●●●●

Kochen und backen für Diabetiker
Gesund und schmackhaft für die ganze
Familie
(**4467**-4) Von Dr. med. M. Toeller, W. Schu-
macher, A. Groote, Dr. troph. A. Klischan,
176 S., 182 Farbfotos, Pappband. ●●●●

Die Sojaküche
Gesund und abwechslungsreich essen
(**0553**-9) Von U. Kolster, 80 S., 8 Farbtafeln,
kartoniert. ●

Gesund kochen mit Keimen und Sprossen
(**0794**-9) Von M. Bustorf-Hirsch, 96 S., 4 Farbtafeln, 13 s/w-Zeichnungen, kartoniert. ●

Waffeln
Hörnchen, Pfannkuchen und Crêpes.
(**0522**-9) Von C. Stephan, 64 S., 8 Farbtafeln,
kartoniert. ●

Waffeln
(**1296**-9) Hrsg. L. Steiger, 64 S., 73 Farbfotos,
kartoniert. ●

Fruchtige Pfannkuchen und Crêpes
(**1446**-5) Von S. Fabke, 64 S., ca. 50 Farbfotos, kartoniert. ●

Mehr Freude und Erfolg beim
Brotbacken
(**4148**-9) Von A. und G. Eckert, 160 Seiten,
177 Farbfotos, Pappband. ●●●●

Meine Vollkornbackstube
Brot · Kuchen · Aufläufe. (**0616**-0) Von
R. Raffelt, 96 S., 4 Farbtafeln, 12 Zeich-
nungen, kartoniert. ●

Mit Honig, Nuß und Mandelkern
Weihnachtsplätzchen
(**1287**-X) Von H. Jaacks, 64 S., 48 Farbfotos,
Pappband. ●●

Backen ohne Zucker
(**1234**-9) Von H. Erkelenz, 80 S., 8 Farbtafeln,
kartoniert. ●

Süße Geheimnisse eiskalt gelüftet
Eis und Sorbets
(**0870**-8) Von H. W. Liebheit, 48 S., 38 Farbfotos, kartoniert. ●

Haltbarmachen in der Öko-Küche
Gesunde Konservierungsmethoden für Obst,
Gemüse, Kräuter und Pilze. (**0923**-2) Von
M. Bustorf-Hirsch, 120 S., 92 Farbabbildun-
gen, kartoniert. ●

Komm, koch und back mit mir
Kunterbuntes Kochvergnügen für Kinder.
(**4285**-X) Von S. und H. Theilig, illustriert von
B. v. Hayek, 112 S., 45 Farbabbildungen,
Pappband. ●●

Lieblingsgerichte für Kinder
Kerngesund und kunterbunt
(**4497**-6) Von G. Righi-Spanfellner, 112 Seiten,
27 Farbzeichnungen, Pappband. ●●●

Lirum, larum, Löffelstiel . . .
Kinder kochen mit Knuddel
(**1094**-X) Von U. Bültjer, 80 S., 27 zweifarbige
Zeichnungen, kartoniert. ●

Backe, backe Kuchen . . .
Kinder backen mit Knuddel
(**1301**-9) Von U. Bültjer, 64 S., 34 zweifarbige
60 Farbzeichn., kartoniert. ●

Mit Lust und Liebe
Garnieren und Verzieren
Dekoratives zu vielen Anlässen
(**4496**-8) Von M. Müller, E. Pratsch, H. Krieg,
160 Seiten, ca. 100 Farbfotos,
Pappband. ●●●●

Mit Lust und Liebe **Kalte Platten & Buffets**
Anrichten und Garnieren
(**4427**-5) Von P. Grotz, 176 S., 228 Farbfotos,
Pappband. ●●●●

Köstliches ganz leicht gezaubert
Raffinierte Rezepte rund um den Stabmixer
(**1453**-8) Von U. Kochendörfer, 96 Seiten, 84 Farbfotos, kartoniert. ●●

Garnieren und Verzieren
(**4236**-1) Von R. Biller, 160 S., 329 Farbfotos, 57 Zeichnungen, Pappband. ●●●●

Köstlichkeiten für Gäste und Feste
Kalte Platten
(**4200**-0) Von I. Pfliegner, 160 S., 130 Farbfotos, Pappband. ●●●●

Sandwich, Toasts & Co.
(**1331**-0) Von F. Faist, 64 Seiten, 62 Farbfotos, kartoniert. ●

Quiches, Tartes
und andere pikante Kuchen
(**1407**-4) Hrsg. I. Teitge, 64 S., 70 Farbf., kart. ●

freundin
Snacks
(**4521**-2) Von V. Müller, 80 S., 87 Farbfotos, Pappband. ●●●

Kochen und backen mit Käse
(**1451**-1) Hrsg.: F. Stein, 64 S., ca. 50 Farbfotos, kartoniert. ●

Raffiniert kombiniert, schön dekoriert
Käseplatten
(**1192**-X) Von S. Carlsson, 64 S., 57 Farbfotos, Pappband. ●●

FALKEN
Festival der schön gedeckten Tische
(**4738**-X) Von A. F. Endress, 204 S., 116 Farbfotos, 83 Farbzeichnungen, Pappbd. ●●●●

Der perfekt gedeckte Tisch
(**1028**-1) Von H. Tapper, 80 S., 161 Farbfotos, 13 Zeichnungen, kartoniert. ●●

Der schön gedeckte Tisch
Vom einfachen Gedeck bis zur Festtafel stimmungsvoll und perfekt arrangiert.
(**4246**-1) Von H. Tapper, 112 S., 206 Farbfotos, 21 s/w-Abbildungen, Pappband. ●●●

Servietten falten
80 Ideen für schön gedeckte Tische
(**1042**-7) Von M. Müller, O. Mikolasek, 80 S., 289 Farbfotos, 50 Zeichnungen, kart. ●●

Phantasievolle Tischdekorationen selber machen
(**0984**-4) Von Y. Thalheim, H. Nadolny, 80 S., 174 Farbfotos, 21 Zeichnungen, kart. ●●

Servietten dekorativ falten
Geschmackvolle Arrangements aus Stoff und Papier. (**0804**-X) Von H. Tapper, 32 Seiten, 134 Farbfotos, Pappband. ●

Weine und Säfte, Liköre und Sekt
selbstgemacht.
(**0702**-7) Von P. Arauner, 232 S., 76 Abb., kartoniert. ●●●

Was Weinfreunde wissen wollen
Fragen und Antworten rund um den Wein
(**1224**-1) Von Prof. Dr. K. Röder, H.-G. Dörr, ca. 224 Seiten, kartoniert. ●●

FALKEN Mixbuch
(**4733**-9) Hrsg. P. Bohrmann, 560 Seiten, 227 Farbfotos, Pappband. ●●●●

Vitamindrinks
(**1408**-2) Von H. Reith, W. Hubert, 64 Seiten, 68 Farbfotos, kartoniert. ●

Köstlich, cremig, sahnig, frisch
Mixen mit Milch
(**1151**-2) Von S. Carlsson, 64 S., 45 Farbfotos, Pappband. ●

Milchmixgetränke
(**1450**-3) Von S. Carlsson, 64 S., ca. 50 Farbfotos, kartoniert. ●

Cocktails und Drinks
(**1292**-6) Hrsg. S. Kieslich, 64 S., 70 Farbfotos, kartoniert. ●

Bowlen und Punsche
(**1447**-3) Hrsg.: F. Brandl, 64 S., ca. 50 Farbfotos, kartoniert. ●

Fruchtig, spritzig, eisgekühlt
Mixen ohne Alkohol
(**0935**-6) Von S. Späth, 64 S., 44 Farbfotos, Pappband. ●●

Longdrinks
(**1345**-0) Hrsg. E. Meyer zu Stieghorst, 64 S., 79 Farbfotos, kartoniert. ●

Light Drinks
Mixen mit und ohne Alkohol
(**1222**-5) Von S. Edelberg, Heike Reith, 64 S., 48 Farbfotos, Pappband. ●●

Cocktails
(**4267**-1) Von W. R. Hoffmann, W. Hubert, U. Lottring, 160 S., 164 Farbfotos, 1 s/w-Foto, Pappband. ●●●●

Cocktails und Mixereien
für häusliche Feste und Feiern. (**0075**-8) Von J. Walker, 96 S., 4 Farbtafeln, kartoniert. ●

Das Fitmacher-Kochbuch
(**4698**-7) Von Prof. Dr. troph. M. Hamm, 112 S., ca. 100 Farbfotos, gebunden. ●●●

Schlank und gesund nach Dr. Hay
Schnelle Trennkostküche
(**4746**-0) Von H. Harper, 80 S., ca. 80 Farbfotos, kartoniert. ●●

Schlank werden nach Dr. Hay **Trennkost**
Die bewährten Vollwert-Rezepte von Ursula Summ. (**4298**-1) Von U. Summ, 96 Seiten, 54 Farbfotos, 1 Zeichnung, kartoniert. ●●

Das große Buch der Trennkost
Neue Rezepte von Ursula Summ
(**4498**-4) Von U. Summ, 144 S., ca. 100 Farbfotos, Pappband. ●●

Gesund leben nach Dr. Hay
Cholesterinarme Trennkost
Neue Vollwert-Rezepte von Ursula Summ
(**4475**-5) Von U. Summ, 96 S., 52 Farbfotos, kartoniert. ●●

Die neue Trennkost
(**4685**-5) Von U. Summ, 96 S., 71 Farbfotos, kartoniert. ●●

Das kleine 1 x 1 der Trennkost
(**1428**-7) Von S. Carlsson, 64 S., ca. 50 Farbfotos, kartoniert. ●●

Schlank nach Maß
mit der Diät-Computerwaage
(**1064**-8) Von K. Alisch, 104 S., 8 Farbtafeln, kartoniert. ●

Gesundes Essen für Berufstätige
Die 4-Wochen-Vollwertkur (**1065**-6) Von M. Weber, ca. 80 S., 8 Farbtafeln, kart. ●

Garten

FALKEN Gartenjahr
(**4730**-4) Von K. Greiner, A. Weber, P. Michaeli-Achmühle, 320 Seiten, 380 Farbabbildungen, Pappband. ●●●●

Garten heute
Der moderne Ratgeber · Über 1000 Farbbilder. (**4283**-3) Von H. Jantra, 384 S., über 1000 Farbabbildungen, Pappband. ●●●●

Helmut Jantras Gartenbuch
Obst · Gemüse · Blumen
(**4522**-0) Von H. Jantra, 200 S., 395 Farbfotos, 123 Farbzeichnungen, 25 Tabellen, Pappband. ●●

1000 ganz bewährte Garten-Tips
(**4453**-4) Von H. Jantra, 320 S., 288 zweifbg. und 62 s/w-Zeichn., , Pappband. ●●●

Obst, Gemüse, Blumen, Gras
Gärtnern mach den Kindern Spaß
(**4517**-4) Von U. Krüger, 96 S., 85 Farbfotos, 180 Farbzeichnungen, Pappband. ●●●

Rosen
(**4692**-8) Von H. Steinhauer, ca. 144 S., zahlr. Farbabbildungen Pappband. ●●●●

Rosen
Auswahl · Pflege · Gestaltung
(**1183**-0) Von H. Jantra, 120 S., 200 Farbfotos, 20 Farbzeichnungen, 8 Bepflanzungspläne, kartoniert. ●●

Bunte Pracht der Stauden
Auswahl · Pflege · Gestaltung
(**1376**-0) Von H. Jantra, 112 S., 167 Farbabbildungen, kartoniert. ●●●

Erfolgstips für den Obstgarten
Gesunde Früchte durch richtige Sortenwahl und Pflege
(**0827**-9) Von F. Mühl, 184 S., 16 Farbtafeln, 33 Zeichnungen, kartoniert. ●●

Erfolgstips für den Gemüsegarten
Mit naturgemäßem Anbau zu höherem Ertrag. (**0674**-8) Von F. Mühl, 80 Seiten, 30 s/w-Fotos, 4 Zeichnungen, kartoniert. ●●

Obstgehölze sachgemäß schneiden
(**1127**-X) Von P. G. Wilhelm, 136 Seiten, 8 s/w-Abb., 367 Zeichnungen, kart. ●●

Kompost im Hausgarten
herstellen und verwenden
(**1258**-6) Von H. Abels, J. Jöstingmeier, ca. 30 zweifarbige Zeichnungen, kart. ●

Der naturgemäße Zier- und Wohngarten
Anlegen · Gestalten · Pflegen
(**0748**-5) Von I. Gabriel, 128 S., 72 Farbfotos, 46 Farbzeichnungen, kartoniert. ●●

Natürlich gärtnern unter Glas und Folie
Anbauen und ernten rund ums Jahr
(**0722**-1) Von I. Gabriel, 128 S., 62 Farbfotos, 45 Farbzeichnungen, kartoniert. ●●

Nützliche Tiere im Garten
(**1472**-4) Von I. Polaschek, ca. 112 Seiten, ca. 120 Farbf., ca. 14 Farbzeichn., kartoniert. ●●

Schneckenbekämpfung
giftfrei und naturgemäß
(**1378**-7) Von B. Meyer, Y. Thalheim, 64 S., 25 s/w-Zeichnungen, 8 Farbtafeln, kart. ●●

Dekorative Kübelpflanzen
Auswahl und Pflege
(**1074**-5) Von H. Jantra, 112 S., 180 Farbfotos, 35 Farbzeichnungen, kartoniert. ●●

Blütenpracht auf Balkon und Terrasse
(**0928**-3) Von M. Haberer, 88 S., 139 Farbfotos, kartoniert. ●●

Moderne Gartengestaltung
(**1255**-1) Von K. Greiner, A. Weber, 128 S., mit Rasterbogen und Planelementen zum Ausschneiden, ca. 120 Farbfotos, ca. 20 vierfarbige Pläne, kartoniert. ●●●

Gestaltungsideen für
Schöne Gärten
(**4482**-8) Von H. Jantra, 168 S., 309 Farbfotos, 3 s/w-Fotos, , Pappband. ●●●●●

Der pflegeleichte Hausgarten
(**1170**-9) Von H. Jantra, 112 S., vierfarbige Abbildungen, kartoniert. ●●

Schöne Kräutergärten
(**1256**-X) Von H. Jantra, 112 S., vierfarbige Abbildungen, kartoniert. ●●

Kleingärten
Planen · Anlegen · Pflegen
(**1015**-X) Von H. Jantra, 88 S., 123 Farbfotos, 1 s/w-Foto, 14 Farbzeichnungen, , kart. ●●

Reihenhausgärten
Planen · Anlegen · Pflegen
(**1016**-8) Von H. Jantra, 104 S., 134 Farbfotos, 45 Farbzeichnungen, kartoniert. ●●

Kletterpflanzen
Mit Sonderteil Dachbegrünung
(**4546**-8) Von U. Mehl, K. Werk, 128 S., ca. 150 Farbfotos, farbige und s/w-Zeichnungen, Pappband. ●●●

Steingärten Wirkungsvoll gestalten und sachgerecht pflegen
(**4452**-6) Von A. Throll-Keller, 128 Seiten, 203 Farbfotos, 56 Farbzeichnungen, Pappband. ●●●●

Gartenteiche, Tümpel und Weiher
naturnah anlegen und pflegen
(**1073**-7) Von Dr. F. Liedl, H. Goos, 80 Seiten, 87 Farbfotos, 39 Farbzeichnungen, kart. ●●

Wasser im Garten
Von der Vogeltränke zum Naturteich · Natürliche Lebensräume selbst gestalten.
(**4230**-2) Von H. Hendel, P. Keßeler, 240 S., 315 Farbabb., 11 s/w-Fotos, Pappband. ●●●●●

Pflanzen und Tiere für den Gartenteich
(**1171**-7) Von W. Costa, 128 S., 169 Farbfotos, 40 Farbzeichnungen, 8 Bepflanzungspläne, kartoniert. ●●

Gestaltungsideen für den Wohngarten
Sitzplätze, Terrassen, Höfe und andere grüne Räume
(**4751**-7) Von H. Jantra, ca. 120 Seiten, ca. 100 Farbfotos und -zeichnungen, gebunden. ●●●●

Wintergärten
Das Erlebnis, mit der Natur zu wohnen. Planen, Bauen und Gestalten.
(**4256**-6) Von LOG ID, 136 S., 130 Farbfotos, 107 Zeichnungen, Pappband. ●●●●●

Rund ums Jahr erfolgreich gärtnern
Gewächshäuser
planen · bauen · einrichten · nutzen
(**4408**-9) Von Dr. G. Schoser, J. Wolff, 232 S., 368 Farbabb., 5 s/w-Fotos, Pappbd. ●●●●●

Das moderne Handbuch Zimmerpflanzen
(**4416**-X) Von H. Jantra, 304 S., 766 Farbfotos, 64 Farb- und 19 s/w-Zeichnungen, Pappband. ●●●●

365 Erfolgstips für schöne Zimmerpflanzen
(**0893**-7) Von H. Jantra, 144 S., 215 Farbfotos, kartoniert. ●●

Dekorative Blattpflanzen
Auswahl und Pflege
(**1128**-8) Von H. Jantra, 128 S., 198 Farbfotos, 20 Farbzeichnungen, kartoniert. ●●

Arbeitskalender für Zimmergärtner
(**1473**-2) Von H. Jantra, 112 Seiten, ca. 120 Farbfotos, kartoniert. ●●

Prof. Stelzers grüne Sprechstunde
Gesunde Zimmerpflanzen
Krankheiten erkennen und behandeln. Mit neuem Diagnosesystem.
(**4274**-4) Von Prof. Dr. G. Stelzer, 192 Seiten, 410 Farbfotos, 10 s/w-Zeichnungen, Pappband. ●●●●

Hydrokultur
Pflanzen ohne Erde – mühelos gepflegt.
(**0944**-5) Von H.-A. Rotter, 144 S., 167 Farbfotos, 13 Farbzeichnungen, kartoniert. ●●

Gesunde Pflanzen in
Hydrokultur
(**1257**-8) Von H.-A. Rotter, 80 Seiten, ca. 60 s/w-Zeichnungen, 8 Farbtafeln, kartoniert. ●

Bonsai
Japanische Miniaturbäume und Miniaturlandschaften. Anzucht, Gestaltung und Pflege.
(**4091**-1) Von B. Lesniewicz, 160 S., 106 Farbfotos, 46 s/w-Fotos, 115 Zeichnungen, gebunden. ●●●●●

Kakteen
Auswahl · Pflege · Vermehrung
(**1429**-5) Von G. Andersohn, ca. 120 S., zahlr. Farbabbildungen, kartoniert. ●●●

Tiere

Grzimek Juniors **BUNTE TIERWELT**
(**4295**-7) Von Chr. Grzimek, 208 S., 308 Farbfotos, Pappband. ●●●●

Hunde
Rassen · Ausbildung · Pflege · Zucht
(**4118**-7) Von H. Bielfeld, 192 S., 222 Farb- und 73 s/w-Abb., Pappband. ●●●●

Das neue Hundebuch
Rassen · Aufzucht · Pflege (**0009**-X) Von W. Busack, überarbeitet von Dr. med. vet. A. H. Hacker und H. Bielfeld, 112 S., 8 Farbtafeln, 27 s/w-Fotos, 6 Zeichnungen, kartoniert. ●

Alles über Dackel, Teckel und Dachshunde
(**1079**-6) Von M. Wein-Gysae, 80 Seiten, 46 Farbfotos, 2 zweifarbige Zeichnungen, kartoniert. ●

Hundeausbildung
Verhalten · Gehorsam · Ausbildung
(**0346**-3) Von R. Menzel, 88 S., 26 Fotos, kartoniert. ●

Grundausbildung für Gebrauchshunde
Schäferhund, Boxer, Rottweiler, Dobermann, Riesenschnauzer, Airedaleterrier, Hovawart und Bouvier.
(**0801**-5) Von M. Schmidt und W. Koch. 104 S., 8 Farbtafeln, 51 s/w-Fotos, 5 s/w-Zeichnungen, kartoniert. ●●

Der Hund in der Familie
(**1014**-7) Von J. Werner, 128 S., 106 Farbfotos, kartoniert. ●●

Der Deutsche Schäferhund
(**1091**-5) Von U. Förster, 112 S., 47 Farbzeichnungen, 2 s/w-Fotos, kartoniert. ●●

Der Deutsche Schäferhund
Aufzucht · Pflege und Ausbildung
(**0073**-1) Von A. Hacker, 104 S., 56 Abb., kart. ●

Alles über junge Hunde
(**0863**-5) Von Dr. med. vet. E. M. Bartenschlager, 64 S., 49 Farbfotos, 6 Zeichnungen, kartoniert. ●●

Richtige Hundeernährung
(**0811**-2) Von Dr. med. vet. E. M. Bartenschlager, 80 S., 51 Farbf., 4 Farbzeichn., kart. ●●

Hundekrankheiten
(**1077**-X) Von Dr. med. vet. R. Spangenberg, 96 S., 44 Farb- und 1 s/w-Foto, 22 Farbzeichnungen, kartoniert. ●

Von Ajax bis Zamperl
Die beliebtesten Hunde-Namen
(**1174**-1) Von H.-J. Schließke, 96 Seiten, kart. ●

Die Katze in der Familie
(**1076**-1) Von U. Birr, 136 S., 112 Farbf., kart. ●●

Katzen
Rassen · Verhalten · Pflege · Zucht
(**4158**-6) Von B. Gerber, 176 S., 294 Farb- und 88 s/w-Fotos, Pappband. ●●●●

Das neue Katzenbuch
Rassen · Aufzucht · Pflege.
(**0427**-3) Von B. Eilert-Overbeck, 120 Seiten, 14 Farbfotos, 26 s/w-Fotos, kartoniert. ●

Katzenkrankheiten
erkennen und behandeln
(**1078**-8) Von Dr. med. vet. R. Spangenberg, 104 S., 40 Farbfotos und 11 Farbzeichnungen, kartoniert. ●●

Junge Katzen
(**0862**-7) Von Dr. med. vet. E. M. Bartenschlager, 72 S., 40 Farbfotos, 4 Farbzeichnungen, kartoniert. ●●

Pferde
(**4186**-1) Von H. Werner, 176 S., 196 Farbund 50 s/w-Fotos, 100 Zeichnungen, Pappband. ●●●●

Reiten auf Gangpferden
Isländer, Pasos, Saddlehorses und andere Freizeitpferde
(**4716**-9) Von Dr. med. vet. H. Jung, ca. 112 S., zahlreiche Abbildungen, kartoniert. ●●●

Reiten im Bild
(**0415**-X) Von H. Werner, 128 S., 142 Farbfoyos, 107 Farbzeichnungen, kartoniert. ●●

Der Hobby-Imker
(**0978**-X) Von Dr. R. F. A. Moritz, 144 S., 106 zweifarbige Zeichnungen, kart. ●●

Geflügelhaltung als Hobby
(**0749**-3) Von M. Baumeister, H. Meyer, 184 S., 8 Farbtafeln, 47 s/w-Fotos, 15 zweifarbige Zeichnungen, kartoniert. ●●●

Sittiche und kleine Papageien
(**0864**-3) Von Dr. med. vet. E. M. Bartenschlager, 88 S., 84 Farbfotos, 9 Zeichnungen, kartoniert. ●●

Alles über Großsittiche
(**1320**-5) Von H. Bielfeld, 88 S., 88 Farbfotos, 3 Farbzeichnungen, kartoniert. ●●

Alles über Wellensittiche
(**1129**-6) Von H. Bielfeld, 64 S., 53 Farbfotos, 3 Zeichnungen, kartoniert. ●●

Alles über Kanarienvögel
(**0901**-1) Von H. Schnoor, 64 S., 58 Farbfotos und Zeichnungen, kartoniert. ●●

Nymphensittiche
Auswahl · Haltung · Pflege
(**1474**-0) Von F. Moll, ca. 64 Seiten, durchgehend vierfarbig, kartoniert. ●●

Beos
Haltung · Pflege · Zucht
(**1475**-9) Von M. Wagner, ca. 64 Seiten, durchgehend vierfarbig, kartoniert. ●●

Elternlose Jungvögel
Erste Hilfe · Aufzucht · Auswilderung
(**1319**-1) Von I. Polaschek, 80 S., 80 Farbfotos, 5 Farbzeichnungen, kartoniert. ●●

Diskusfische
Arten · Haltung · Pflege
(**1432**-5) Von H. Hirsch, 64 Seiten, 43 Farbfotos, kartoniert. ●●

Die Tiersprechstunde
Gesunde Fische im Süßwasseraquarium
(**1013**-3) Von H. J. Mayland, 96 S., 73 Farbfotos, 10 Zeichnungen, kartoniert. ●●

Alles über Zwerg- und Goldhamster
(**1012**-5) Von M. Mettler, 96 S., 96 Farbfotos, kartoniert. ●●

Alles über Chinchillas und Degus
(**1130**-X) Von M. Mettler, 96 S., 80 Farbfotos, 3 Zeichnungen, kartoniert. ●●

Alles über Meerschweinchen
(**0809**-0) Von Dr. med. vet. E. M. Bartenschlager, 72 S., 43 Farbfotos, 11 Farbzeichnungen, kartoniert. ●●

Alles über Zwergkaninchen
(**1075**-3) Von M. Mettler,. 64 S., 52 Farbfotos, kartoniert. ●●

Alles über Rennmäuse
(**1318**-3) Von M. Mettler, 80 S., 74 Vignetten, kartoniert. ●●

Sport und Fitneß

Neue Lehrmethoden der Judo-Praxis
(**0424**-9) Von P. Herrmann, 223 S., 475 Abb., kartoniert. ●●

Judo perfekt 1
(**1249**-7) Von K. Fuchs, 128 S., kartoniert. ●●

Judo perfekt 2
Wettkampftechniken im Stand
(**1461**-9) Von K. Fuchs, ca. 144 Seiten, kartoniert. ●●

Fußwürfe
für Judo, Karate und Selbstverteidigung.
(**0439**-7) Von H. Nishioka, übers. von H. J. Heese, 96 S., 260 Abb., kartoniert. ●●

Karate 1
zur Selbstverteidigung
(**1312**-4) Von M. Nakayama, 96 Seiten, 315 s/w-Fotos, 5 Zeichn., kartoniert. ●●

Karate 2
zur Selbstverteidigung
(1362-0) Von M. Nakayama, 96 Seiten, 245
s/w-Fotos, kartoniert. ●●
Nakayamas Karate perfekt 1
Einführung.
(0487-7) Von M. Nakayama, 136 Seiten,
605 s/w-Fotos, kartoniert. ●●
Nakayamas Karate perfekt 2
Grundtechniken.
(0512-1) Von M. Nakayama, 136 Seiten,
354 s/w-Fotos, 53 Zeichnungen, kart. ●●
Nakayamas Karate perfekt 3
Kumite 1: Kampfübungen.
(0538-5) Von M. Nakayama, 128 Seiten,
424 s/w-Fotos, kartoniert. ●●
Nakayamas Karate perfekt 4
Kumite 2: Kampfübungen.
(0547-4) Von M. Nakayama, 128 Seiten,
394 s/w-Fotos, kartoniert. ●●
Nakayamas Karate perfekt 5
Kata 1: Heian, Tekki.
(0571-7) Von M. Nakayama, 144 Seiten,
1229 s/w-Fotos, kartoniert. ●●
Nakayamas Karate perfekt 6
Kata 2: Bassai-Dai, Kanku-Dai.
(0600-4) Von M. Nakayama, 144 Seiten,
1300 s/w-Fotos, 107 Zeichnungen, kart. ●●
Nakayamas Karate perfekt 7
Kata 3: Jitte, Hangetsu, Empi.
(0618-7) Von M. Nakayama, 144 Seiten,
1988 s/w-Fotos, 105 Zeichnungen, kart. ●●
Nakayamas Karate perfekt 8
Gankaku, Jion.
(0650-0) Von M. Nakayama, 144 Seiten,
1174 s/w-Fotos, 99 Zeichnungen, kart. ●●
Karate
(2308-1) Von A. Pflüger, 96 S., 134 Farbfotos,
4 s/w-Zeichnungen, kartoniert. ●●
Bo-Karate
Hanbo-Jitsu – die Techniken des Stock-
kampfes.
(0447-8) Von G. Stiebler, 176 S., 424 s/w-
Fotos, 38 Zeichnungen, kartoniert. ●●
Karate 1
Einführung · Grundtechniken.
(0227-0) Von A. Pflüger, 144 S., 195 s/w-
Fotos, 120 Zeichnungen, kartoniert. ●
Karate 2
Kombinationstechniken · Katas.
(0239-4) Von A. Pflüger, 176 S., 452 s/w-
Fotos und Zeichnungen, kartoniert. ●●
Karate Kata 1
Heian 1–5, Tekki 1, Bassai-Dai.
(0683-7) Von W.-D. Wichmann, 164 Seiten,
703 s/w-Fotos, kartoniert. ●●
Karate Kata 2
Jion, Empi, Kanku-Dai, Hangetsu.
(0723-X) Von W.-D. Wichmann, 140 Seiten,
661 s/w-Fotos, 4 Zeichnungen, kart. ●●
Karate Kata 3
Bassai Sho, Kanku Sho, Nijushiho, Sochin.
(1120-2) Von W.-D. Wichmann, 144 Seiten,
598 s/w-Fotos, 4 Grafiken, kart. ●●
Dragon – der Drache
Die Bruce-Lee-Story
(1415-5) Von L. Lee, 192 S., 257 s/w-Fotos,
kartoniert. ●●●
Bruce Lees Kampfstil 1
Grundtechniken
(0473-7) Von B. Lee, M. Uyehara, 109 Seiten,
220 Abbildungen, kartoniert. ●
Bruce Lees Kampfstil 2
Selbstverteidigungs-Techniken
(0486-9) Von B. Lee, M. Uyehara, 128 Seiten,
310 Abb., kartoniert. ●
Bruce Lees Kampfstil 3
Trainingslehre
(0503-2) Von B. Lee, M. Uyehara, 112 Seiten,
246 Abbildungen, kartoniert. ●

Bruce Lees Kampfstil 4
Kampftechniken
(0532-7) Von B. Lee, M. Uyehara, 104 Seiten,
211 Abbildungen, kartoniert. ●
Bruce Lee Kung-Fu
zur Selbstverteidigung
(1399-X) Von B. Lee, 104 Seiten, 120 s/w-
Abbildungen, kartoniert. ●●
Chuck Norris
Meine Karatetechnik
Erfolgreich in Angriff und Abwehr
(1460-0) Von C. Norris, 128 Seiten,
kartoniert. ●
Shaolin Kung-Fu 1
Grundlagen chinesischer Kampfkunst
(1363-9) Von C. D. Yao, R. Fassi, 124 Seiten,
207 s/w-Fotos, 30 s/w-Zeichn., kart. ●●●
Shaolin Kung-Fu 2
Kampftechniken für Angriff und Abwehr
(1416-3) Von C. D. Yao, R. Fassi, 144 Seiten,
581 s/w-Abb., kartoniert. ●●
Kung-Fu 1
Legende · Philosophie · Grundtechniken
(0891-0) Von Chr. Yim, 152 S., 401 s/w-Fotos,
2 s/w-Zeichnungen, kartoniert. ●●
Kung-Fu und Thai-Chi
Grundlagen und Bewegungsabläufe
(0367-6) Von B. Tegner, 182 Seiten, 370 s/w-
Fotos, kartoniert. ●●
Kung Fu
Theorie und Praxis klassischer und moderner
Stile
(0376-5) Von M. Pabst, 160 Seiten, 330 Abbil-
dungen, kartoniert. ●●
Bruce Lees Jeet Kune Do
(0440-0) Von B. Lee, 192 S., mit 105 eigen-
händigen Zeichnungen von B. Lee,
kartoniert. ●●●
Shaolin-Kempo – Kung-Fu
Chinesisches Karate im Drachenstil.
(0395-1) Von R. Czerni, K. Konrad, 246 S.,
723 Abbildungen, kartoniert. ●●
Kickboxen
Fitneßtraining und Wettkampfsport.
(0795-7) Von G. Lemmens, 96 S., 208 s/w-
Fotos, 23 Zeichnungen, kartoniert. ●●
Ninja 1
Die Lehre der Schattenkämpfer.
(0758-2) Von S. K. Hayes, 144 Seiten, 137 s/w-Fotos,
kartoniert. ●●
Ninja 2
Die Wege zum Shoshin.
(0763-9) Von S. K. Hayes, übers. von
J. Schmit, 160 S., 309 s/w-Fotos, 2 Zeich-
nungen, kartoniert. ●●
Ninja 3
Der Pfad des Togakure-Kämpfers.
(0764-7) Von S. K. Hayes, übers. von
J. Schmit, 144 S., 197 s/w-Fotos, 2 Zeich-
nungen, kartoniert. ●●
Ninja 4
Das Vermächtnis der Schattenkämpfer.
(0807-4) Von S. K. Hayes, 196 Seiten, 466 s/w-Fotos,
kartoniert. ●●
Taekwondo perfekt 1
Die Formenschule bis zum Blaugurt.
(0890-2) Von K. Gil, Kim Chul-Hwan,
176 Seiten, 439 s/w-Fotos, 107 Zeichnungen,
kartoniert. ●●
Taekwondo perfekt 2
Die Formenschule vom Blau- bis zum
Schwarzgurt.
(0976-3) Von K. Gil, K. Chul-Hwan,
192 Seiten, 461 s/w-Fotos, 112 Zeichnungen,
kartoniert. ●●
Taekwondo perfekt 3
(1068-0) Von K. Gil, K. Chul-Hwan, 200 S.,
429 s/w-Fotos, kartoniert. ●●●

Taekwondo perfekt 4
(1250-0) Von K. Gil, 160 S., zahlr. s/w-Fotos
und Schrittdiagramme, 17 Übungstafeln zum
Herausnehmen, kart. ●●●
Ju-Jutsu 1
Grundtechniken · Moderne Selbstverteidigung.
(0276-9) Von W. Heim, F. J. Gresch, 164 S.,
450 s/w-Fotos, 8 Zeichn., kartoniert. ●●
Ju-Jutsu 2
für Fortgeschrittene und Meister.
(0378-1) Von W. Heim, F. J. Gresch, 160 S.,
798 s/w-Fotos, kartoniert. ●●
Ju-Jutsu 3
Spezial-, Gegen- und Weiterführungs-
Techniken · Stockkampfkunst.
(0485-0) Von W. Heim, F. J. Gresch, 200 S.,
über 600 s/w-Fotos, kartoniert. ●●
Aikido
Lehren und Techniken des harmonischen
Weges.
(0537-7) Von R. Brand, 280 Seiten,
697 Abbildungen, kartoniert. ●●
Hap Ki Do
Koreanische Selbstverteidigung nach dem
Lehrsystem des Großmeisters.
(0379-X) Von Kim Sou Bong, 112 Seiten,
152 Abbildungen, kartoniert. ●●
Dynamische Tritte
Grundlagen für den Zweikampf.
(0438-9) Von C. Lee, 96 S., 398 s/w-Fotos,
10 Zeichnungen, kartoniert. ●●
Super-Tritte
(1248-9) Von W. Wallace, 136 S., kart. ●●
Selbstverteidigung
Abwehrtechniken für Sie und Ihn.
(0853-8) Von E. Deser, 96 S., 259 s/w-Fotos,
kartoniert. ●●
Die Faszination athletischer Körper
Bodybuilding
mit Weltmeister Ralf Möller.
(4281-7) Von R. Möller, 128 Seiten, 169 Farb-
fotos, 144 s/w-Fotos, 1 Farbzeichnung,
Pappband. ●●●●
Ladyfitneß
Das neue Körperbewußtsein der Frau
Bodyshaping · Körperpflege · Ernährung ·
Entspannung
(4433-X) Von Prof. Dr. S. Starischka, B. Grabis,
D. von Cramm, G. W. Kienitz, 128 S., 227 Farb-
fotos, Pappband. ●●●●
Bodybuilding für Frauen
Wege zu Ihrer Idealfigur
(0661-6) Von H. Schulz, 112 S., 84 s/w-Fotos,
4 Zeichnungen, kartoniert. ●
Bodybuilding
Anleitung zum Muskel- und Konditions-
training für sie und ihn
(0604-7) Von R. Smolana, 160 S., 171 s/w-
Fotos, kartoniert. ●●
Bodybuilding
(2314-6) Von L. Spitz, 112 S., 203 Farb-
abbildungen, 10 Tabellen. ●●
Leistungsfähiger durch Krafttraining
Eine Anleitung für Fitness-Sportler, Trainer
und Athleten.
(0617-9) Von W. Kieser, 96 S., 20 s/w-Fotos,
62 Zeichnungen, kartoniert. ●
Krafttraining
Wirbelsäulengerechte Übungen an und mit
Geräten
(1309-4) Von A. Balk, 48 S., 8 Bildtafeln,
Spiralbindung. ●●●
Muskeltraining mit Hanteln
Leistungssteigerung für Sport und Fitneß
(0676-4) Von H. Schulz, 104 S., 92 s/w-Fotos,
2 Zeichnungen, kartoniert.●
Ausdauertraining
Einführung und Grundtechniken
(1396-5) Von G. Eyting, 32 S., 41 Farbfotos,
21 Farbzeichn., kartoniert. ●●●

Hanteltraining zu Hause
(0800-7) Von W. Kieser, 80 S., 71 s/w-Fotos, 4 Zeichnungen, kartoniert. ●

Optimale Ernährung
für Krafttraining und Bodybuilding.
(0912-7) Von B. Dahmen, 88 S., 8 Farbtafeln, 8 Zeichnungen, kartoniert. ●●

Aufwärmen
Übungen und Programme für Sport und Spiel
(1311-6) Von Dr. H. Wolff, 40 S., 8 Bildtafeln, Spiralbindung. ●●●

Fitneßtraining
Empfohlen vom Deutschen Sportbund
(1245-4) Von Marianne Schreiber, 32 Seiten, Spiralbindung mit Ausklapptafeln. ●●

Wirbelsäulengymnastik
Empfohlen vom Deutschen Sportbund
(1246-2) Von L. Keller, 40 Seiten, Spiralbindung mit Ausklapptafeln. ●●●

Aerobics
Low Impact, High-Impact, Step-Aerobic
(1421-X) Von M. Freytag-Baumgartner, 44 S., 3 Farbtafeln, 84 Farbfotos, 16 s/w-Fotos, Spiralbindung, kartoniert. ●●●

Stretching
Empfohlen vom Deutschen Sportbund
1247-0) Von A. Balk, 40 Seiten, Spiralbindung mit Ausklapptafeln. ●●

Isometrisches Training
Übungen für Muskelkraft und Entspannung.
(0529-0) Von L. M. Kirsch, 104 S., 150 s/w-Fotos, kartoniert. ●●

Stretching
Mit Dehnungsgymnastik zu Entspannung, Geschmeidigkeit und Wohlbefinden.
0717-5) Von H. Schulz, 80 S., 90 s/w-Fotos, kartoniert. ●

Stretching
2304-9) Von B. Kurz, 96 S., 255 Farbfotos, kartoniert. ●●

Gesund und fit durch Gymnastik
0366-8) Von H. Pilss-Samek, 88 Seiten, 130 Abbildungen, kartoniert. ●

Funktionelles Körpertraining
Grundlagen und Bewegungsprogramme
1367-1) Von A. Balk, 40 S., 100 Farbfotos, kartoniert. ●●●

Spielerisch zur Kondition
Über 100 Trainingsspiele zur Verbesserung von Ausdauer, Schnelligkeit, Kraft und Beweglichkeit
1214-4) Von U. Stumpp, 120 S., 30 Grafiken, kartoniert. ●●

AOK-Videothek
Top-Form Gymnastik
Ein Bewegungsprogramm für pfundige Leute
6144-7) VHS, ca. 30 Minuten, in Farbe.●●●●*

Fit und frisch
Gymnastik für die ganze Familie
6501-9) Von G. Sieber, 104 S., 306 Farbfotos, 5 Farbzeichnungen, kart., mit Audiokassette, Laufzeit 30 Min. ●●●

Sportjahr 93
Rekorde · Siege · Schicksale · Ergebnisse
Mit Sonderteil Leichtathletik-WM
4690-1) 176 Seiten, 373 Farbfotos, Pappband. ●●●

Freeclimbing
Technik und Training
1251-9) Von T. Strobl, 144 Seiten, durchgehend vierfarbig, kartoniert. ●●●

Fechten
Florett · Degen · Säbel.
0449-4) Von E. Beck, 88 Seiten, 185 Fotos, 60 Zeichnungen, kartoniert. ●●

SportRegeln Volleyball
1368-X) 88 S., 5 Farbtafeln, 19 s/w-Fotos, kartoniert. ●●

Fußball
(2309-X) Von H. Obermann, P. Walz, 112 Seiten, 47 Farbfotos, 18 Farb- und 25 s/w-Zeichnungen, kartoniert. ●●

Sepp Maier
Super-Torwart-Training
(4451-8) Von S. Maier, 168 S., 30 Farb- und 34 s/w-Fotos, 236 zweifarbige Zeichnungen, Pappband. ●●●●

Fußballtraining für Kinder und Jugendliche
Spiel- und Übungsformen zu Technik und Taktik
(1463-5) Von S. Asmus u. a., ca. 128 Seiten, durchgehend vierfarbig, kartoniert. ●●

SportRegeln
American Football
(1165-2) 136 S., 18 s/w-Fotos, kartoniert.●

Streetball
Technik · Taktik · Spiel
(1465-1) Von J. Bezler und T. Paganetti, ca. 80 Seiten, durchgehend vierfarbig, kartoniert.●●

Handball
Technik · Taktik · Regeln.
(0426-5) Von F. und P. Hattig, 128 Seiten, 91 s/w-Fotos, 121 Zeichnungen, kart. ●●

Handball
Grundlagen für Training und Spiel
(2321-9) Von H.-P. Oppermann, 120 Seiten, 39 Farbtafeln, 12 s/w-Fotos, 108 Farbzeichnungen, kartoniert. ●●

SportRegeln Handball
Die offiziellen Regeln
Wissenswertes von A bis Z
(1099-6) 88 Seiten, 32 s/w-Fotos, 14 Zeichnungen, kartoniert. ●

SportRegeln Rugby
Die offiziellen Regeln
Wissenswertes von A bis Z
(1216-0) 96 Seiten, zahlreiche zweifarbige Abbildungen, kartoniert. ●

Tennis
Technik · Taktik · Regeln.
(0375-7) Von W. u. S. Taferner, 112 Seiten, 81 Abbildungen., kartoniert. ●

SportRegeln Tennis
Die offiziellen Regeln
Wissenswertes von A bis Z
(1097-4) 88 S., 24 s/w-Fotos, 6 Zeichnungen, kartoniert. ●

Tischtennis-Technik
Der individuelle Weg zu erfolgreichem Spiel.
(0775-2) Von M. Perger, 144 Seiten, 296 Abbildungen, kartoniert. ●●

SportRegeln Tischtennis
Die offiziellen Regeln
Wissenswertes von A bis Z (1252-7) 96 S., zahlreiche zweifarbige Abb., kart. ●

Badminton
Technik · Taktik · Training.
(0699-3) Von K. Fuchs, L. Sologub, 168 S., 51 Abbildungen, kartoniert. ●

SportRegeln
Badminton
(1101-6) 84 S., kartoniert.●

Squash
(2311-1) Von P. Langhammer, R. Michna, 96 S., 86 Farbfotos, 13 Farbzeichn., kartoniert. ●●

Squash
Ausrüstung · Technik · Regeln
(0539-3) Von D. von Horn, H.-D. Stünitz, 96 S., 55 s/w-Fotos, 25 Zeichnung., kart. ●

SportRegeln Squash
Wissenswertes von A bis Z
(1100-8) 64 S., 11 s/w-Fotos, 23 Zeichnungen, kartoniert. ●

Darts
Technik · Taktik · Spiel
(1466-X) Von R.W. Sohlbach, ca. 112 S., kart. ●●

Golf
Neue Wege zum erfolgreichen Spiel
(4509-3) Von O. Heuler, ca. 144 S., zahlr. Farbabbildungen, Pappband. ●●●●●

SportRegeln Golf
(1315-9) 96 S., 19 s/w-Fotos, kartoniert. ●

Golf
Ausrüstung und Technik.
(0343-9) Von J. C. Jessop, 96 S., 57 Abb., Anhang Golfregeln des DGV, kart. ●

Eishockey
Lauf- und Stocktechnik, Körperspiel, Taktik, Ausrüstung und Regeln.
(0414-1) Von J. Čapla, 264 S., 548 s/w-Fotos, 163 Zeichnungen, kartoniert. ●●●

SportRegeln
Eishockey
(1098-2) 116 Seiten, kartoniert.●

Billard
Grundstöße · Viertelbillard und Freie Partie
(1313-2) Von Dr. H. Stingel, 112 Seiten, 196 Zeichnungen, kartoniert. ●

Grundlagen für Training und Spiel
Pool-Billard
(2318-9) Von B. Pejcic, R. Meyer, 96 S., durchgehend vierfarbig, kartoniert. ●

Pool-Billard
(0484-2) Herausgegeben vom Deutschen Pool-Billard-Bund. Von M.Bach, K.-W. Kühn, 104 S., 64 Abbildungen, kartoniert. ●

FALKEN Video
Reiten
Von der ersten Stunde bis zum Ausritt
(6097-1) VHS, ca. 60 Min., in Farbe, mit Begleitheft.●●●*

Reiten
(2322-7) Von T. Eckholt, 128 S., durchgehend vierfarbig, kartoniert. ●●

Tanzstunde
Das Welttanzprogramm leicht gelernt
(4409-2) Von G. Hädrich, 164 S., 489 s/w-Fotos, 63 Zeichnungen, Pappband. ●●●

Wir lernen Tanzen
(0200-9) Von E. Fern, 152 S., 119 s/w-Fotos, 47 Zeichnungen, kartoniert. ●●

Anmutig und fit durch
Bauchtanz
(0911-9) Von Marta, 120 S., 229 Farbfotos, 6 s/w-Zeichnungen, kartoniert. ●●●

Segeln
(1364-X) Von H. Mönster u.a., ca. 128 Seiten, durchgehend vierfarbig, zahlr. Abbildungen, kartoniert. ●●

Sporttauchen
Theorie und Praxis des Gerätetauchens
(0647-0) Von S. Müßig, 144 S., 8 Farbtafeln, 35 s/w-Fotos, 89 Zeichnungen, kart. ●●

Fit mit Sporttauchen
(2320-0) Von Dr. F. Naglschmid, 112 Seiten, 71 Farbfotos, 21 Zeichnungen, kartoniert. ●●

Angelfischerei von Aal bis Zander
Fische · Geräte · Technik.
(0324-2) Von H. Oppel, 72 Seiten, 16 Farbtafeln, 49 s/w-Fotos, kartoniert. ●●

Angeln
Kleine Fibel für den Sportfischer.
(0198-1) Von E. Bondick, 80 Seiten, 4 Farbtafeln, 116 Abbildungen, kartoniert. ●

Snowboarding
Ausrüstung · Fahrtechnik · Wettkämpfe
Videokassette (6139-0) VHS, ca. 45 Min., in Farbe. ●●●●*

Fibel für Kegelfreunde
Sport- und Freizeitkegeln · Bowling
(0191-6) Von G. Bocsai, 72 Seiten, 62 Abb., kartoniert ●

111spannende Kegelspiele
(2031-7) Von H. Regulski, 80 S., 53 Zeichnungen, kartoniert. ●

Mensch und Gesundheit

Der moderne Ratgeber
Wir werden Eltern
Schwangerschaft · Geburt · Erziehung des Kleinkindes.
(4269-8) Von B. Nees-Delaval, 376 Seiten, 335 2-farbige Abb., Pappband. ●●●●

Ich freue mich auf mein Baby
Ratgeber und Tagebuch für die Schwangerschaft
(4711-8) Von E. Portz-Schmitt, 184 S., 18 Farbfotos, 72 Farbzeichn., Pappband. ●●●●

Ich bekomme ein Baby
Wegweiser für Schwangerschaft und Geburt
(1254-3) Von B. Nees-Delaval, 144 Seiten, durchgehend zweifarbig, kartoniert. ●●

Wenn der Mensch zum Vater wird
Ein heiter-besinnlicher Ratgeber
(4259-0) Von D. Zimmer, 160 S., 20 Zeichnungen, Pappband. ●●●

AOK Bibliothek
Schwangerschaftsgymnastik und Geburtsvorbereitung
(1423-6) Von L. Keller, 112 S., 137 Farbfotos, 12 Farbzeichnungen, kartoniert. ●●●

Vorbereitung auf die Geburt und
Schwangerschaftsgymnastik
Atmung, Rückbildungsgymnastik,
(0251-3) Von S. Buchholz, 112 Seiten, 98 s/w-Fotos, kartoniert. ●

AOK-Bibliothek
Rückbildungsgymnastik
Informationen, Tips und Übungen
(1470-8) Von L. Keller, ca. 112 Seiten, zahlreiche Farbfotos und Farbillustrationen, kartoniert. ●●●*

AOK-Videothek
FALKEN Video
Rückbildungsgymnastik
Informationen, Tips und Übungen
(6176-5) Laufzeit ca. 30 Minuten. ●●●●*

Die Kunst des Stillens
nach neuesten Erkenntnissen
(0701-9) Von Prof. Dr. med. E. Schmidt, S. Brunn, 112 S., 20 Fotos und Zeichnungen, kartoniert. ●

Der große FALKEN BabyKurs
Pflege · Ernährung · Entwicklung · Erziehung
(4739-8) Von K. Schutt, ca. 352 Seiten, ca. 400 Farbfotos, gebunden. ●●●

Das Babybuch
Pflege · Ernährung · Entwicklung
(0531-8) Von A. Burkert, 96 Seiten, 76 zweifarbige Zeichnungen, 22 s/w-Zeichnungen, kartoniert. ●●

Babyfitneß
Massage, Spiele, Gymnastik und Schwimmen für Kinder im 1. Lebensjahr
(1034-6) Von G. Zeiß, 112 Seiten, 179 zweifarbige Illustrationen, , kartoniert. ●●

Wenn Kinder krank werden
Medizinischer Ratgeber für Eltern
(4240-X) Von B. Nees-Delaval, 232 Seiten, 163 Zeichnungen, Pappband. ●●●

Keinen Mann um jeden Preis
Das neue Selbstverständnis der Frau in der Partnerbeziehung
(4440-2) Von Shere Hite, Kate Colleran, 208 Seiten, Pappband. ●●●

Total verklärt ... und keine Ahnung?
Alles über Liebe, Sex und Zärtlichkeit
(1024-9) Von H. Bruckner, R. Rathgeber, 104 S., 38 Abbildungen, kartoniert. ●●

Streicheleinheiten für Körper und Seele
Partnermassage
(4444-5) Von Chr. Unseld-Baumanns, 136 S., 145 Farbfotos, Pappband. ●●●●

Partner gesucht
Die besten Tips und Strategien fürs Kennenlernen
(1481-3) Von Dr. C. Harmsen, 128 Seiten, kartoniert. ●●

freundin Ratgeber
Glück braucht Mut
Die Psycho-Logik des Jens Corssen
(1176-8) Von J. Corssen, B. Schmidt, 160 S., kartoniert. ●●

freundin Ratgeber
Die faire Trennung
Wie man mit Anstand auseinandergeht
(1477-5) Von I.Weber, ca. 144 S., kart. ●●

Angst und Panik
Ursachen · Symptome · Therapie
(1422-8) Von Prof. Dr. H.-R. Lückert, 176 S., kartoniert. ●●

Wörterbuch der Medizin
(4535-2) 400 Seiten, 229 Farbfotos, Pappband. ●●●●

Bildatlas des menschlichen Körpers
(4177-2) Von G. Pogliani, V. Vannini, 112 Seiten, 402 Farbabbildungen, 28 s/w-Fotos, Pappband. ●●●●

Richtig essen bei
Nahrungsmittelallergien
(4745-2) Von Dr. med. C.Thiel, A. Ilies, 128 S., ca. 90 Farbf., gebunden. ●●●

Nahrungsmittelallergien
So ernähren Sie sich richtig!
(0913-5) Von Priv.-Doz. Dr. med. Dr. med. habil. J. von Mayenburg, Prof. Dr. med. Dr. phil. S. Borelli, E. Polster, 136 S., kart. ●●

Neurodermitis
Ursachen · Ganzheitliche Behandlung · Selbsthilfe
(1218-7) Von Prof. Dr. med. Dr. phil. S. Borelli, 144 S., kartoniert.●●

Bluthochdruck
Risikofaktoren · Vorbeugung · Behandlung
(1125-3) Von Prof. Dr. med. D. Klaus, R. Unsorg, G. Leibold, 152 S., 25 Farbfotos, 22 Farbzeichnungen, kartoniert.●●●

Arteriosklerose
Risikofaktoren/Vorbeugung/Therapie
Richtige Ernährung bei erhöhtem Cholesterinspiegel.
(1020-6) Von Prof. Dr. med. G. Assmann, Dr. troph. U. Wahrburg, 192 S., 84 farb. Abb., 4 s/w-Zeichnungen, Pappband. ●●●

Asthma
Pseudokrupp, Bronchitis und Lungenemphysem
Krankheitsbilder · Diagnose · Therapie
(1126-1) Von Prof. Dr. med. W. Schmidt, S. Ertelt, 152 S., 110 zweif. Zeichn., kart. ●●●

Risiko Herzinfarkt
Empfohlen von der Deutschen Herzstiftung
(1217-9) Von C. Halhuber, M. J. Halhuber, 152 S., 38 Farb- und 8 s/w-Zeichnungen, kartoniert.●●●

So arbeitet das Immunsystem
Funktionsweise · Störungen · Natürliche Stärkung
(1253-5) Von V. Friebel, J. Ledvina, A. Roßmeier, 168 S., 18 Farbtafeln, 38 zweifarbige Zeichnungen, Pappband. ●●●

Diabetes
Krankheitsbild, Therapie, Kontrollen, Schwangerschaft, Sport, Urlaub, Alltagsprobleme. Neueste Erkenntnisse der Diabetesforschung. (0895-0) Von Dr. med. H. J. Krönke, 120 S., 4 Farbtafeln, 14 s/w-Fotos, 13 s/w-Zeichnungen, kartoniert. ●

AOK-Bibliothek
Gesunde Haut
Ratgeber für Pflege und Gesundheit
(1468-6) Von Dr. med. J. Müller und Dr. med. K.-U. Schmidt, ca. 112 Seiten, zahlr. Abbildungen, durchgehend vierfarbig, kart. ●●●

Naturkosmetik
Die Grundlagen gesunder und natürlicher Hautpflege.
(1080-X) Von N. E. Haas, 120 Seiten, 63 Farbabbildungen, kartoniert. ●●

Die sanfte Art des Heilens
Homöopathie
Praktische Anwendung und Arzneimittellehre
(4418-X) Von J. H. P. Kreuter, 216 S., 49 Zeichnungen, Pappband. ●●●

Aromatherapie
Gesundheit und Entspannung durch ätherische Öle.
(1131-8) Von K. Schutt, 96 S., 40 zweifarbige Abbildungen, kartoniert. ●●

Heilatmen
Ein Weg zu Lebenskraft und innerer Harmonie
(1047-8) Von K. Schutt, 112 S., 57 zweifarbige Abbildungen, kartoniert. ●●

Bewährte Naturheilverfahren bei
Herz-Kreislauf-Erkrankungen
(1084-2) Von Dr. med. O. Wolff, G. Leibold, 104 Seiten, kartoniert. ●●

Risiko Herzinfarkt
(1217-9) Von Dr. C. Halhuber, Prof. Dr. M. J. Halhuber, 160 S., durchgehend zweifarbig, kartoniert. ●●●

Krebsangst und Krebs behandeln
Mit einem Vorwort von Prof. Dr. med. Friedrich Douwes.
(0839-2) Von G. Leibold, 104 Seiten, kartoniert. ●●

Bewährte Naturheilverfahren bei
Krebs
(1082-6) Hrsg. H.-R. Heiligtag, 88 Seiten, kartoniert. ●●

Heilen mit Blütenenergien
nach Dr. Bach
(1141-5) Von J. Wenzel, ca. 96 S., kartoniert. ●

Bewährte Naturheilverfahren bei
Migräne und Schlafstörungen
(1081-8) Von G. Leibold, Dr. med. H. Chr. Scheiner, 112 Seiten, kartoniert. ●

Gesunder Schlaf
Schlafstörungen ohne Medikamente erfolgreich behandeln.
(1036-2) Von D. H. Alke, 88 S., 22 s/w-Abb., mit Audiokassette, kartoniert. ●●●

Natürliche Behandlungsmethoden bei
Rückenschmerzen
Massage · Gymnastik · Entspannung
(4447-X) Von Prof. Dr. med. H. Hess, K. Eder, H.-J. Montag, K. Schutt, 152 S., 168 Farbbildungen, Pappband. ●●●

TELE-Rückenschule
Wohlbefinden durch bewußte Körpererfahrung
(1310-8) Von K. Haak, 64 S., 19 Farb-, 24 s/w-Fotos, 24 Zeichnungen, 2 Ausklapptafeln, mit Audiokassette, kartoniert. ●●●●

TELE-Rückenschule
Wohlbefinden durch bewußte Körpererfahrung
Videokassette (6108-0) VHS, ca. 60 Min., in Farbe, mit Broschüre. ●●●●*

Rheuma behandeln und lindern
Mit einem Vorwort von Dr. med. Max-Otto Bruker.
(0836-8) Von G. Leibold, 96 Seiten, kartoniert. ●

Besser sehen durch Augentraining
Ein Gesundheitsprogramm zur Verbesserung des Sehvermögens.
(0914-X) Von K. Schutt, B. Rumpler, 96 S., 32 s/w-Abbildungen, kartoniert. ●●

So arbeitet das
Immunsystem
(1253-5) Von V. Friebel, I. Ledvina, A. Roßmeier, 192 Seiten, durchgehend zweifarbig, kartoniert. ●●●

Allergien behandeln und lindern
Mit einem Vorwort von Prof. Dr. med. Axel Stemmann.
(0840-6) Von G. Leibold, 96 Seiten, 4 Zeichnungen, kartoniert. ●

Enzyme
Vitalstoffe für die Gesundheit
(0677-2) Von G. Leibold, 96 S., kartoniert. ●

Besser leben durch Fasten
(0841-4) Von G. Leibold, 96 S., kartoniert. ●

Massagetechniken und Heilanzeigen
Reflexzonentherapie
(4404-6) Von G. Leibold, 128 Seiten, 53 Farbzeichnungen, Pappband. ●●●

Akupressur zur Eigenbehandlung
(0417-6) Von G. Leibold, 112 S., 78 Abb., kartoniert.●

Shiatsu-Massage
Harmonisierung der Energieströme im Körper
(0615-2) Von G. Leibold, 196 S., 180 Abb., kartoniert.●

Fußsohlenmassage
Heilanzeigen · Technik · Selbsthilfe
(0714-0) Von G. Leibold, 96 S., 38 Zeichnungen, kartoniert. ●

Entspannung und Schmerzlinderung durch
Massage
(0750-7) Von B. Rumpler, K. Schutt, 112 S., 116 zweifarbige Zeichnungen, kartoniert. ●

Gesundheit und Entspannung durch
Massage
(1317-5) Von K. Schutt, 168 S., 126 Farbfotos., 61 Farbzeichnungen, kartoniert. ●●●

Gesundheit für Körper und Seele
Entspannung
(1471-6) Von K. Schutt, ca. 80 Seiten, durchgehend zweifarbig, kartoniert, Audiokassette ca. 60 Minuten Laufzeit. ●●●●

Entspannung
(0834-1) Von Dr. Med. Chr. Schenk, 88 S., 29 Zeichnungen, kartoniert. ●

Autogenes Training
Ein Programm zur Streßbewältigung
(1278-0) Von Dr. P. Kruse, B. Pavlekovic, K. Haak, 112 S., durchgehend zweifarbig, kartoniert. ●●●

Erfolg und Lebensfreude durch
Autogenes Training und Psychokybernetik
(1035-4) Von D. H. Alke, 80 Seiten, 2 s/w-Zeichnungen, mit Audiokassette, kartoniert. ●●●

Chinesisches Schattenboxen
Tai-Ji-Quan
für geistige und körperliche Harmonie
(0850-3) Von F.T. Lie, 120 S., 221 s/w-Fotos, 9 s/w-Zeichnungen, Beilage: 1 s/w-Poster mit zahlreichen Abbildungen, kartoniert. ●●

AOK-Bibliothek
Qi-Gong im Alltag
Chinesische Atem- und Bewegungsübungen
(1316-7) Von L. U. Schoefer, ca. 80 Seiten, durchgehend vierfarbig, zahlreiche Fotos, kartoniert. ●●

AOK-Bibliothek
Qi-Gong im Alltag
Chinesische Atem- und Bewegungsübungen
(1427-9) Von L. U. Schoefer, ca. 80 Seiten, durchgehend vierfarbig, zahlreiche Fotos, kartoniert, mit Audiokassette. ●●●●

AOK-Videothek
Qi-Gong im Alltag
Chinesische Atem- und Bewegungsübungen
(6179-X) Von L. U. Schoefer, ca. 60 Minuten Laufzeit. ●●●●

Yoga für jeden
(1277-2) Von K. Zebroff, 144 Seiten, Spiralbindung, durchgehend vierfarbig, kartoniert. ●●●

Yoga
Weg zur Harmonie
(4417-8) Von A. Harf, W. von Rohr, 176 S., 171 Farbf., 12 s/w-Zeichn., Pappband. ●●●●

Yoga gegen Haltungsschäden und Rückenschmerzen
(0394-3) Von A. Raab, 104 S., 215 Abb., kart. ●

AOK-Bibliothek
Radwandern
für die Gesundheit
(1369-8) Von S. Kälberer, J.–U. Knoll, 128 S., 126 Farbfotos, kartoniert. ●●●

AOK-Bibliothek
Osteoporose
Vorbeugen · Diagnose · Behandlung
(1371-X) Von A. Baumgarten, 96 S., 74 Farbfotos, 17 Farbzeichn., kartoniert. ●●●

AOK-Bibliothek
Erkältungskrankheiten
Vorbeugung und Behandlung
(1372-8) Von G. Leibold, 112 S., 74 Farbfotos, 7 Farbzeichn., kartoniert. ●●●

AOK-Bibliothek
Krankenpflege zu Hause
Anleitungen, Tips und Informationen
(1373-6) Von S. Hof, 104 S., 68 Farbfotos, 32 Farbzeichn., kartoniert. ●●●

PfundsKur Kochbuch
(4726-6) Von F. Metzler, 112 S., 81 Farbfotos, Pappband. ●●●

Fit ohne Fett
Die neue PfundsKur
(1370-1) Von Prof. Dr. V. Pudel, 128 Seiten, kartoniert. ●

Die aktuelle
Ballaststofftabelle
(1288-8) Von Dr. H. Oberritter, 80 Seiten, kartoniert. ●

Neue Rezepte für **Diabetiker-Diät**
Vollwertig · abwechslungsreich · kalorienarm
(0418-4) Von M. Oehlrich, 96 S., 8 Farbtafeln, kartoniert. ●

Diät bei Herzkrankheiten und Bluthochdruck
Rezeptteil von B. Zöllner.
(3202-1) Von Prof. Dr. med. H. Rottka, 92 S., 4 Farbtafeln, kartoniert. ●●

Diät bei Erkrankungen der Nieren, Harnwege und bei Dialysebehandlung
Rezeptteil von B. Zöllner.
(3203-X) Von Prof. Dr. med. Dr. h. c. H. J. Sarre und Prof. Dr. med. R. Kluthe, 96 S., 33 Farbfotos, 1 s/w-Zeichnung, kartoniert. ●●

Diät bei Gicht und Harnsäuresteinen
Rezeptteil von B. Zöllner.
(3205-6) Von Prof. Dr. med. N. Zöllner, 112 S., 35 Farbtafeln, kartoniert. ●●

Diät bei Zuckerkrankheit
Rezeptteil von B. Zöllner **(3206**-4) Von Prof. Dr. med. P. Dieterle, 112 S., 42 Farbfotos, 4 vierfarbige Vignetten, 1 s/w-Zeichnung, kartoniert. ●●

Diät bei erhöhtem Cholesterinspiegel und anderen Fettstoffwechselstörungen
Rezeptteil von B. Zöllner.
(3208-0) Von Prof. Dr. med. G. Wolfram, 102 S., 32 Farbfotos, kartoniert. ●●

Ballaststoffreiche Kost bei Funktionsstörungen des Darms
Rezeptteil von B. Zöllner.
(3212-9) Von Prof. Dr. med. H. Kasper, 96 Seiten, 34 Farbfotos, 1 s/w-Foto, kartoniert. ●●

Diät bei Krankheiten des Magens und Zwölffingerdarms
Rezeptteil von B. Zöllner
(3201-3) Von Prof. Dr. med. H. Kaess, 96 Seiten, 35 Farbfotos, 1 s/w-Zeichnung, kartoniert. ●●

Diät bei Krankheiten der Gallenblase, Leber und Bauchspeicheldrüse
Rezeptteil von B. Zöllner.
(3207-2) Von Prof. Dr. med. H. Kasper, 88 Seiten, 35 Farbfotos, 1 s/w-Zeichnung, , kartoniert. ●●

Video

Hobby Aquarellmalen
Landschaft und Stilleben
(6022-X) VHS, 40 Min., in Farbe, mit Begleitheft. ●●●●

Hobby Ölmalerei
Landschaft und Stilleben
(6025-4) VHS, 40 Min., in Farbe, mit Begleitheft. ●●●●

Seidenmalerei
leicht gemacht
(6173-0) VHS, ca. 30 Min., in Farbe ●●●●

Basteln mit Kindern
(6041-6) VHS, 60 Min., in Farbe, mit Vorlagen in Originalgröße, mit Begleitheft. ●●●*

Die Modelleisenbahn
Anlagenbau in Modultechnik
(6028-9) VHS, 30 Min., in Farbe. ●●●●

Golf
(6053-X) VHS, 60 Min., in Farbe, mit Begleitheft. ●●●●●

Reiten
(6097-1) VHS, ca. 60 Min., in Farbe, mit Begleitbroschüre. ●●●●*

Karate
Einführung und Grundtechniken
(6037-8) VHS, ca. 45 Min., in Farbe, mit Begleitbroschüre. ●●●●

Skigymnastik perfekt
(6052-1) VHS, ca. 60 Min., in Farbe, mit Begleitbroschüre. ●●●●●

Snowboarding
(6139-0) VHS, ca. 45 Min., in Farbe, mit Broschüre.●●●●*

Pflanzenjournal
Blumen- und Pflanzenpflege im Jahreslauf
(6036-X) VHS, 30 Minuten, mit Begleitheft. ●

Schnitt und Pflege
von Bäumen und Sträuchern
(6050-5) VHS, 45 Minuten, in Farbe, mit Begleitheft. ●●●●

Erfolgreiche Streßbewältigung
Autogenes Training
Video 1: Einführung und Kurs
Video 2: Übungen
(6132-3) VHS, jeweils ca. 60 Minuten, in Farbe. ●●●●●

Aktfotografie
Gestaltung/Technik/Spezialeffekte
Interpretationen zu einem unerschöpflichen Thema
(6001-7) VHS, 60 Min., in Farbe, mit Begleitheft. ●●●●

Videografieren perfekt
Profitricks für Aufnahmetechnik und Nachbearbeitung
(6042-4) VHS, **(6044**-4) Video 8, 60 Min., in Farbe, mit Begleitheft. ●●●●●*

Besser Videofilmen
(6172-2) VHS, ca. 60 Minuten, in Farbe. ●●●●●*

Top-Form Gymnastik
Ein Bewegungsprogramm für pfundige Leute
(6144-7) VHS, ca. 30 Minuten, in Farbe. ●●●●

Fitt ohne Fett
PfundsKur Video
(6142-0) VHS, ca. 40 Min., in Farbe.●●●●*

Streicheleinheiten für Körper und Seele
Partnermassage
(6051-3) VHS, 45 Min., in Farbe, mit Begleitheft. ●●●●●*

Tele Partner Massage
Zärtliche Entspannung zu zweit
(6131-5) VHS, ca. 60 Minuten, in Farbe.
●●●●*

Sinnliche Stunden
(6099-8) VHS, ca. 60 Min., in Farbe, mit Begleitbroschüre. ●●●●●*

Nie wieder rauchen
(6100-5) VHS, ca. 45 Min., in Farbe, mit Begleitbroschüre. ●●●●*

New York
(6151-X) VHS, ca. 60 Min., in Farbe. ●●●●*

Kalifornien
(6152-8) VHS, ca. 60 Min., in Farbe. ●●●●*

USA Südwest
(6153-6) VHS, ca. 60 Min., in Farbe. ●●●●*

Florida
(6154-4) VHS, ca. 60 Min., in Farbe. ●●●●*

Hawaii
(6164-1) VHS, ca. 60 Min., in Farbe. ●●●●*

Irland
(6167-6) VHS, ca. 60 Min., in Farbe. ●●●●*

Norwegen
(6161-7) VHS, ca. 60 Min., in Farbe. ●●●●*

Kanarische Inseln
(6162-5) VHS, ca. 60 Min., in Farbe. ●●●●*

Mallorca
(6143-9) VHS, ca. 60 Min., in Farbe. ●●●●*

Toscana
(6148-X) VHS, ca. 60 Min., in Farbe. ●●●●*

Rom
(6145-5) VHS, ca. 60 Min., in Farbe. ●●●●*

Venedig
(6146-3) VHS, ca. 60 Min., in Farbe. ●●●●*

Florenz
(6147-1) VHS, ca. 60 Min., in Farbe. ●●●●*

Paris
(6157-9) VHS, ca. 60 Min., in Farbe. ●●●●*

Wien
(6158-7) VHS, ca. 60 Min., in Farbe. ●●●●*

London
(6159-5) VHS, ca. 60 Min., in Farbe. ●●●●*

Prag
(6165-X) VHS, ca. 60 Min., in Farbe. ●●●●*

Griechische Inseln
(6166-8) VHS, ca. 60 Min., in Farbe. ●●●●*

Kuba
(6150-1) VHS, ca. 60 Min., in Farbe. ●●●●*

Dominikanische Republik
(6163-3) VHS, ca. 60 Min., in Farbe. ●●●●*

Malediven
(6156-0) VHS, ca. 60 Min., in Farbe. ●●●●*

Bali
(6149-8) VHS, ca. 60 Min., in Farbe. ●●●●*

Thailand
(6155-2) VHS, ca. 60 Min., in Farbe. ●●●●*

Hongkong
(6160-9) VHS, ca. 60 Min., in Farbe. ●●●●*

Berlin
(6177-3) Laufzeit ca. 60 Minuten. ●●●●*

Tunesien
(6174-7) Laufzeit ca. 60 Minuten. ●●●●*

Kanada
(6178-1) Laufzeit ca. 60 Minuten. ●●●*

Bestellschein

Erfüllungsort und Gerichtsstand für Vollkaufleute ist der jeweilige Sitz der Lieferfirma. Für alle übrigen Kunden gilt dieser Gerichtsstand für das Mahnverfahren. Falls durch besondere Umstände Preisänderungen notwendig werden, erfolgt Auftragserledigung zu dem bei der Lieferung gültigen Preis.

Ich bestelle hiermit aus dem Falken-Verlag GmbH, Postfach 11 20, D-65521 Niedernhausen/Ts., durch die Buchhandlung:

Ex. _____

Ex. _____

Ex. _____

Ex. _____

Name: _____ Datum: _____

Straße: _____

Ort: _____ Unterschrift: _____

Falken-Verlag GmbH · Postfach 1120  D-65521 Niedernhausen/Ts. · Tel.: 0 61 27 / 70 20

16